国学课堂

百家姓

【南宋】佚名 著

丛书主编 魏冰戬
本册评注 刘桂华

吉林大学出版社

本系列图书栏目设置说明

学生的良师　老师的益友　家长的好帮手

【概述】 介绍作者及其作品。如作品内容、成书经过、写作特色、文学地位等

【概述】
《世说新语》的原名是《世说》，因为汉代刘向曾经著《世说》（原书亡佚），后人为了将此书与刘向所著相别，又取名《世说新语》，大约宋代以后才改称。《隋书·经籍志》将它列入笔记小说。《宋书·刘道规传》称刘义庆"性简素"、"爱好文义"、"招聚文学之士，近远必至"。该书所记个别事实虽然不尽确切，但反映了汉民族门阀世族的思想风貌，涉及了社会、政治、思想、文学、语言等方面，史料价值很高。

【题解】 具体内容讲解。如篇章内容提要、相关知识链接、文学常识等

【题解】
德行第一：德行指美好的道德品行。本篇所谈的是那个社会士族阶层认为值得学习的、可以作为准则和规范的言语行动。涉及面很广，从不同的方面、不同的角度反映出当时的道德观念，内容丰富。

【原文】 原著全本选入。部分作品篇目数量多者，选取经典篇目、常考篇目以及相对独立篇目

【原文】
管宁、华歆共园中锄菜，见地有片金，管挥锄与瓦石不异，华捉而掷[①]去之。又尝同席[②]读书，有乘轩冕[③]过门者，宁读如故，歆[④]废[⑤]书出看。宁割席分坐，曰："子非吾友也！"

【注释】 精准、简洁，避免含混、啰唆。通假字、异形词标出。难字、生僻字注音

【注释】
①捉：握；拿。掷：扔，抛。②席：坐席，是古人的坐具。③轩冕：大夫以上的贵族坐的车和戴的礼帽。④宁、歆：上文称管，这里称宁，同指管宁；上文称华，这里称歆，同指华歆。古文惯例，人名已见于上文时，就可以单称姓或名。⑤废：放弃；放下。

【译文】 准确无误，逐句直译，不加修饰语

【译文】
管宁和华歆一同在菜园里刨地种菜，看见地上有一小片金子，管宁不理会，举锄锄去，跟锄掉瓦块石头一样，华歆却把金子捡起来再扔出去。还有一次，两人同坐在一张席上读书，有达官贵人坐车从门口经过，管宁照旧读书，华歆却放下书本跑出去看。管宁就割开席子，分开座位，说道："你不是我的朋友。"

【解析】 突破传统观点，与时代精神相结合，分析透彻，辩证到位，着意培养学生树立正确的价值观、世界观

【解析】
事情很小，往往是人们容易忽略的细枝末节。然而正因其小，足见当时的士大夫品评他人与约束自己的尺度及交友之严，见微而知著，因小而见大。
当朋友之间所追求的东西有着悬殊的差别之时，就可能在以后的路上分道扬镳。因此，朋友未必能够一路同行。有的朋友可以一起学习、一起创业，然而随着人生经历的变化，会在一些关键问题上出现分歧，使友情破裂。

国学课堂 解读版

本套书是根据教育部颁发的《完善中华优秀传统文化教育指导纲要》中提出的要求，组织经验丰富的一线教师编写而成的。近期，教育部正式发布高考改革方案，2016年高考语文提高到200分，尤其传统文化部分是学生应该掌握的重点。为了使学生能够在短时间内，更加轻松迅速地掌握国学文化精粹，深入领会中华优秀传统文化的精神内涵，特设置如下栏目。

【写作点拨】

1. 从择友的角度：应该选择志同道合的朋友，应该选择学习专注有修养的朋友，交友应慎重。
2. 从思想品德修养的角度：应加强自己的品德修养，学习应专注，这样才能成才。
3. 从学习环境的角度：要为学生创造一个良好的学习环境，这样才有利于人才的培养。
4. 从为人处世的角度讲：对待友人要讲原则，也要宽和友爱，大度中庸。

【写作点拨】多角度点拨。告知读者如何使用此部分素材应用于学生作文实际，解决学生写作中无话可说的困境

【人物简析】

1. 王涣年少时崇侠尚义，喜好结交剽悍侠义之人，但后来改变追求，信奉儒学，把握了儒学的大义要旨。
2. 王涣任地方官不畏豪强、选贤举能，所治理之处教化大行，百姓安居。
3. 王涣为人正直，施政宽严适宜，且能以奇异的才能神机妙算地处理疑难案件，令人惊叹。

【人物简析】找准中高考中的采分点，解析人物，引导学生把握解析人物的技巧

【成语积累】

发擿(tī)奸伏：揭露隐秘的坏人坏事。

【成语积累】撷取文中成语汇集，以丰富词汇量

【考题举隅】

翻译下列画横线的句子
① 晚而改节，敦儒学，习《尚书》，读律令，略举大义。
② 其冤嫌久讼，历政所不断，法理所难平者，莫不曲尽情诈，压塞群疑。

【考题举隅】精选真题，科学解析，模拟演练

【故事】

古时有一位叫乐羊子的人，在外求学期间，他的妻子在家中辛勤耕作，照顾婆婆。有一天，邻居家的鸡误入了乐羊子家的园子，乐羊子的母亲见了就把这只鸡逮住杀掉并做成了菜。到吃饭时，乐羊子妻对着鸡只是暗暗落泪，并不吃它，婆婆感到很奇怪，就问她为什么这样。乐羊子妻说："我难过的是家里太穷了，没有好菜侍奉，所以饭菜中才有了别人家的鸡。"婆婆听到这话，甚感惭愧，于是把鸡倒掉不吃了。

【故事】与"解析"紧密相连，达到由"解析"引出"故事"，理论指导实践的效果

强大编写阵容
5省一线教师联袂打造一流精品

《国学课堂》编写委员会

主　编：魏冰戬

副主编：肖　颖　孙　伟

编　者（排名不分先后）：

侯文学	王　伟	张希凤	马德勇
姜佃友	陈鹤龄	刘树江	刘桂华
谢丽丽	高玉刚	韩佃磊	邵　影
李　娟	刘广茹	王　志	孟令禹
孙铁民	孙国勇	李双山	刘春节
崔　洋	李春梅	关小荷	杨桂宏
刘　辉	田　阳	杨大勇	马卫东
张翠敏	杨雨杰	刘利凤	孙丽丽
穆　洁	张东航		

编写前言

　　清末国学大师辜鸿铭曾说：爱国，首先要爱其文明。他曾告诉国人："洋人绝不会因为我们割去发辫，穿上西装，就会对我们稍加尊敬的。当我们中国人西化成洋鬼子时，欧美人只能对我们更加蔑视。只有当欧美人了解到真正的中国人——一种有着与他们截然不同却毫不逊色于他们文明的人民时，他们才会对我们有所尊重。"一个国家的民族文化是其国民灵魂和尊严的渊源。

　　"国学"之名，始于清末。其时欧美学术进入中国，号为"新学"、"西学"，与之相对，人们便把中国固有的学问统称为"旧学"、"中学"或"国学"。

　　近年来，国学热方兴未艾，国学与西学是相对而言的，国学热折射的是西方文化冲击下国人的文化忧患意识。自从改革开放打开国门，我国的传统文化经历了三十多年西方文化思潮的冲击，国人崇尚西化的思想渐成潮流，甚至作为汉文化亚文化的日韩文化都受到相当多的国人追捧，而作为民族本源文化的诸多宝贵遗产却一度被冷落。随着时代的发展，国家民族实力的增强，国人逐渐开始意识到传统文化的重要性，一个缺少自己民族文化特色的国家，发展必然受阻，道路必然越走越窄。国学有多热，恰反映出西方思潮对我们的文化影响与冲击有多大。这种冲击对年轻人尤其突出和明显，影响也尤其深远。年轻人接受和吸收新鲜事物的能力强，过程快，他们接受的事物在其生命中扎根也深，所以对青少年思想领地的争夺关乎国家民族发展的未来方向，将民族的宝贵遗产及时深刻地传递给青少年是每一代国人必须担起的重任。

　　为使中小学生能比较全面系统地对国学有一个初步的了解和认识，针对其年龄和心理，我们策划编选了本套《国学课堂》。

　　对国学范畴和内容的把握是认识了解国学的开始。《汉书·艺文志》对国学有一个基本的分类，将其分为六艺、诸子百家、诗赋、兵书、术数、方技六个部分。这六部分构成了国学的前身。狭义的国学是指以儒学为主体的中华传统文化与学术。现在一般提到的国学，是指以先秦经典及诸子学为根基，涵盖了两汉经学、魏晋玄学、宋明理学和同时期的汉赋、六朝骈文、唐宋诗词、元曲与明清小说并历代史学等一套特有而完整的文化、学术体系。因此，广义上，中国古代和现代的文化和学术，包括历史、思想、哲学、地理、政治、经济乃至书画、音乐、术数、医学、星相、建筑等都是国学所涉及的范畴。

　　本套"国学课堂"从国学所涵盖的各个领域精心选取收录了30种最能体现和承载中国传统文化精髓的代表书籍，并对每种书进行细致琢磨思考，对其中篇幅较小、内容较为浅显的著作则收录全文，并加以细致讲解，如《三字经》《弟子规》《笠翁对韵》等；对一些原著内容广博深邃的著作则作适当精心的选裁调整组合，以适应中小学生学业水平和思想身心发展要求，如《世说新语》《史记》《汉书》等。

　　此次编辑这套"国学课堂"的目的首要的是向中小学生宣介国学精粹，使青少年学生在国学的丰富文化中汲取营养，充实提高自我，从而传承发扬传统优秀文化，也考虑到结合中小学生现行教学大纲知识拓展和能力提升的有关要求，借鉴中高考知识能力考查模式设定相关体例条目，慎重精当选裁，深入浅出讲解，让孩子们能在较短时间内吸收利用广博的国学文化经典中最有代表性和典型性的内容，用清晰简洁的思路引领学生，流畅浅易的语言指导学生，生动活泼的故事感染学生，致力于带给莘莘学子春风化雨的求知体验，力争在文言文阅读理解、常识积累、鉴赏、写作等方面使中小学生得到全面濡养和提升，同时能对其他奋斗在教学第一线相关学科教师的日常教学、课后指导有所帮助，以及对很多为孩子选择适宜读物而发愁的家长提供一些有益参考。

　　此次参与编写的主创人员也主要是常年在教学第一线执教的教师，他们了解学生，也更能深刻感受到时代发展对青少年的巨大影响，所以弘扬传统文化的迫切感也更加强烈。本套书籍里凝聚着他们捍卫国学的赤诚之心和对广大学子继承发扬传统文化精髓的良苦用心。在此向参与编写的30余位作者对国学的热切传播、呕心沥血的辛苦付出致以崇高的敬意。由于时间紧迫，水平有限，本套书籍必然有诸多缺点和不足，望广大读者和业界同仁给予理解并期待大家的真诚指导和建议。

主编　魏冰戬
2015年3月17日于长春

概 述

　　《百家姓》约成书于宋朝初年，作者不详，与《三字经》《千字文》并称为中国传统蒙学三大读物，合称"三百千"。

　　《百家姓》采用四言体例，对姓氏进行了排列，而且句句押韵，虽然它的内容没有文理，但对于中国姓氏文化的传承、中国文字的认识等方面都起了巨大作用，这也是它能够流传千百年的一个重要因素。有鉴于此，我们分别介绍了姓氏来源以及姓氏名人，以便于孩子们了解每一个姓氏的来龙去脉。

[赵 zhào]

【起源】

据《通志·氏族略》、《姓氏考略》记载，相传西周时，周穆王的驾车大夫，名叫造父，是嬴姓祖先伯益的后代。因造父驾车有功，穆王把赵（今山西洪洞县北赵城）赐给他作为封邑，造父的后代就以赵为姓氏。

【名人】

北宋开国皇帝赵匡胤，元朝书画家赵孟頫。

[钱 qián]

【起源】

据《百家姓考略》记载，"彭祖姓篯名铿，支子去竹而为钱氏。"另一说，周朝有官职名钱府上士，掌管财政，遂以官为姓。

【名人】

唐朝诗人钱起，清朝文学家钱谦益。

[孙 sūn]

【起源】

据《元和姓纂》记载，卫武公的儿子名惠孙，其后世子孙以孙字为姓。

【名人】

战国时军事家孙武，唐朝医学家孙思邈。

[李 lǐ]

【起源】

据《百家姓考略》记载，尧帝时代的大理（官名）皋陶，其后代以理为姓。其后世裔孙理利贞逃避纣王迫害，避居李树下，食李子维持生活，遂改理姓为李姓。

【名人】

道家哲学创始人李耳（老子），唐朝诗人李白。

[周 zhōu]

【起源】

据《百家姓考略》记载，"周平王少子烈之后，以国名周为氏。"另据《姓源》记载，周平王少子姬烈受封于汝州，汝州称其家为周家，其后遂以周为姓。

【名人】

三国时吴国名将周瑜，新中国第一任总理周恩来。

［吴 wú］

【起源】

据《通志·氏族略》记载，周太王古公亶父的长子太伯、次子仲雍因自动让贤，远去江南，建勾吴国。周朝建立后，周武王封太伯三世孙周章为侯，改国号为吴，其后代以国名吴为姓。

【名人】

清朝文学家吴敬梓，明朝小说家吴承恩。

［郑 zhèng］

【起源】

据《通志·氏族略》记载，周宣王静分封其母弟于郑国（在今陕西华县以东），是为郑桓公。桓公之后，郑武王迁都新郑，为春秋时的郑国。后为韩国所灭。其遗族散居于淮阳、商丘一带，以原国名郑为姓。

【名人】

明朝航海家郑和，清朝书画家郑板桥。

［王 wáng］

【起源】

据《通志·氏族略》记载，周灵王的儿子姬晋因敢于直谏被废为庶民，迁居琅琊。唯太原、琅琊郡最著。因其本为王族，世人称其家为王家，其后世子孙便以王为姓。

【名人】

东晋书法家王羲之，元朝戏曲家王实甫。

［冯 féng］

【起源】

据《通志·氏族略》记载，公元前十一世纪周武王克商后，文王第十五子毕公高，初封于毕，继封于冯城，其后代遂有冯氏。

【名人】

南唐宰相冯延巳，明朝文学家冯梦龙。

[陈] chén

【起源】

据《通志·氏族略》等书记载，周朝初期，周武王封虞舜的后人胡公满于陈，建立陈国，胡公满的后代遂以陈为姓。

【名人】

晋代史学家陈寿，宋代文学家陈亮。

[褚] chǔ

【起源】

据《通志·氏族略》记载，殷商王族后裔食采于褚邑，遂以褚为姓。

【名人】

唐朝宰相、书法家褚遂良，清朝金石学家褚峻。

[卫] wèi

【起源】

据《广韵》记载，周文王第九子封于康邑，称康叔。武庚叛乱后，周朝把商民七族划归康叔统治，康叔遂建立卫国，卫国的公族后代遂以国名为姓。

【名人】

汉代名将卫青，晋代女书法家卫夫人。

[蒋] jiǎng

【起源】

据《百家姓考略》、《通志·氏族略》记载，周初，周公旦之子伯龄封于蒋，后被楚国所灭，遗民以原国名蒋为姓。

【名人】

后魏书画家、雕刻家蒋少游，清代文学家蒋士铨。

[沈] shěn

【起源】

据《元和姓纂》记载，周文王之子聃季封于沈，其后代遂以沈为姓。周朝时又有侯国——沈国，其地在安徽。此地为另一沈国。

【名人】

北宋科学家沈括，清朝文学家沈德潜。

[韩 hán]

【起源】

据《新唐书·宰相世系表》记载,"韩氏出自姬姓。"周武王少子叔虞的后代毕万受封于韩原,其子孙遂以韩为姓。

【名人】

战国时思想家韩非,唐朝文学家韩愈。

[杨 yáng]

【起源】

据《百家姓考略》记载,周宣王的儿子尚父封于杨邑,号曰杨侯,其子孙以杨为姓。

【名人】

北宋名将杨业,南宋诗人杨万里。

[朱 zhū]

【起源】

据《姓苑》记载,周武王封曹挟于邾地,其子孙去掉邾字右边的"邑"旁,以朱为姓。另据《魏书官氏志》记载,北魏有鲜卑姓渴烛浑氏、朱可浑氏,于北魏孝文帝时南迁洛阳,改为汉字单姓朱氏。

【名人】

南宋理学家朱熹,中国现代散文家、诗人朱自清。

[秦 qín]

【起源】

据《通志·氏族略》记载,秦姓系出自嬴姓。伯益的后代嬴非子,为周孝王放牧马群有功,封于秦,其子孙以秦为姓。另据《古今姓氏书辨正》记载,周朝周公旦伯禽受封于鲁国,裔孙为公族大夫者食采于秦邑,以邑名秦为姓。

【名人】

北宋词人秦观,明朝女将军秦良玉。

[尤 yóu]

【起源】

据《百家姓考略》记载,"尤姓系出沈氏,五代王审知称闽王,国人姓沈者避审音,去水为尤"。从中可知尤是由沈演变而来,这是尤氏之始。

【名人】

明末抗清英雄尤世功兄弟。

[许 xǔ]

【起源】

据《姓氏急就篇》记载，帝尧时有贤人许由，许由不就官，退隐颍水之阳。许由的后人皆姓许。又据《姓源韵谱》记载，炎帝裔孙伯夷的后代文叔，受周武王之封于许国，称许侯，其子孙以许为姓。

【名人】

汉代文字学家许慎，唐朝宰相许敬宗。

[何 hé]

【起源】

据《元和姓纂》记载，何姓系出韩姓。韩王安为秦所灭，其子孙为避难逃往江淮一带，当地韩与何音相近，故改姓何。

【名人】

东汉大将军何进，现代杰出社会活动家何香凝。

[吕 lǚ]

【起源】

据《百家姓考略》记载，"吕姓系出姜姓，神农后裔伯夷仕尧掌礼，佐禹治水，封于吕"，其后人遂以吕为姓。

【名人】

东汉末名将吕布，战国时秦国丞相吕不韦。

[施 shī]

【起源】

据《元和姓纂》记载，周朝鲁惠公的儿子字施父，其第五代孙施伯开始以施为姓。

【名人】

明初文学家施耐庵，清朝名将施琅。

[张 zhāng]

【起源】

据《通志·氏族略》记载，黄帝的孙子姬挥任弓正，又称弓长(官名)。弓长二字合一为张，遂以张为姓。

【名人】

汉代外交家张骞，清朝洋务派代表人物张之洞。

[孔 kǒng]

【起源】

据《元和姓纂》记载，商纣王的庶兄微子启受封于商丘，国号宋。微子启是宋国的始祖，其后世子孙有一个名叫孔父嘉，其子孙因事逃到鲁国，以孔为姓。另据《广韵》记载，商朝的开国君主名汤，字天乙，姓子。汤的后世子孙，将本姓子字加汤王的字乙，组合成孔字，以为姓氏。

【名人】

古代教育家孔丘，清朝戏剧家孔尚任。

[曹 cáo]

【起源】

据《元和姓纂》记载，周文王第十三子振铎受周武王封于曹地，建立曹国，其后人遂以曹为姓。

【名人】

三国时期的曹操、曹植、曹丕，清朝文学家曹雪芹。

[严 yán]

【起源】

据《百家姓考略》记载，春秋时楚国有个国君死后谥号楚庄王，其后世子孙以其谥号庄字为姓。东汉明帝时期，皇帝名刘庄，为避讳，遂改庄姓为严姓。

【名人】

东汉隐士严子陵，近代启蒙思想家、翻译家严复。

[华 huà]

【起源】

据《古今姓氏书辨证》记载,春秋时宋戴公的孙子名督,食采于华,其后人遂以华为姓。

【名人】

三国时的名医华佗,中国现代数学家华罗庚。

[金 jīn]

【起源】

据《元和姓纂》记载,黄帝子少昊,称金天氏,其后人以祖先所称金为姓。

【名人】

清朝文学评论家金圣叹,清朝书画家、诗人金农。

[魏 wèi]

【起源】

据《元和姓纂》记载,周文王的后裔毕万,在晋国为大夫,受封于魏,其子孙以魏为姓。另据《史记》记载,战国时秦国穰侯魏冉,本是楚王后裔,姓芈(mǐ),后改姓魏,其子孙沿袭魏姓。

【名人】

唐朝名相魏征,明朝戏曲家魏良辅。

[陶 táo]

【起源】

据《元和姓纂》记载,尧称帝前先受封于唐,后封于陶,称陶唐氏,尧的后世子孙中有一支以陶为姓。

【名人】

晋代文学家陶渊明,近现代教育家陶行知。

[姜 jiāng]

【起源】

据《百家姓考略》记载,"姜姓出自神农氏,神农生于姜水,因姓姜氏"。

【名人】

西周开国丞相姜尚(子牙),南宋词人姜夔(kuí)。

[戚 qī]

【起源】

据《姓谱》记载，春秋时卫国大夫孙林父受封于戚，其后人遂以戚为姓。

【名人】

明朝名将戚继光，当代著名书法家戚庆隆。

[谢 xiè]

【起源】

据《史记》记载，春秋时周宣王封其舅申伯于谢，其后代遂以谢为姓。

【名人】

东晋宰相谢安，南朝诗人谢灵运。

[邹 zōu]

【起源】

据《百家姓考略》记载，周武王封曹挟于邾国，战国时改国号邹，其一部分后人便以邹为姓。

【名人】

战国时期哲学家邹衍，清朝科学家邹伯奇。

[喻 yù]

【起源】

据《通志·氏族略》记载，西汉苍梧太守谕猛，自改谕为喻，其子孙沿用喻姓。

【名人】

北宋建筑家喻皓，清朝名医喻昌。

[柏 bǎi]

【起源】

据《百家姓考略》记载，"上古有柏招为炎帝师，柏同为帝喾师，封国于柏"，其后代子孙袭用柏姓。

【名人】

元朝画家柏子庭，清朝书画家柏古。

[水 shuǐ]

【起源】

据《通志·氏族略》记载，夏禹之孙留居会稽，以水为姓。另据《姓氏五书》记载，古代称江河湖泊为水国，岸边的居民有的就以水为姓。又有水丘氏，复姓。

【名人】

明朝礼部侍郎水佳胤(yìn)，明朝清官水苏民。

[窦 dòu]

【起源】

据《新唐书·宰相世系表》记载，夏朝的国王相被杀害后，其怀孕的妃子从窦(墙洞)中逃出，生少康，少康的儿子为纪念祖母逃难，遂以窦为姓。

【名人】

西汉名将窦婴，唐朝工部尚书窦叔向。

[章 zhāng]

【起源】

据《通志·氏族略》记载，齐太公的子孙受封于鄣，鄣被齐国灭亡后，后代去掉鄣字的邑旁，改为章姓。

【名人】

明朝经学家章潢，清朝史学家章学诚。

[云 yún]

【起源】

据《通志·氏族略》记载，颛顼的后裔祝融在帝喾时为火正官，封于妘罗地，其后代去掉妘字的女旁，改姓云。

【名人】

隋朝大将军云定兴，南宋清官云景龙。

[苏 sū]

【起源】

据《通志·氏族略》记载，祝融的孙子昆吾受封于苏，建立苏国，其后代以苏为姓。

【名人】

北宋文学家苏洵、苏辙、苏轼。

[潘 pān]

【起源】

据《广韵》记载，周文王的后裔高受封于毕，建立毕国，称毕公高。毕公高封小儿子季孙于潘，其后世子孙遂以潘为姓。

【名人】

三国时吴国名将潘璋，唐朝画家潘细衣。

[葛 gě]

【起源】

据《通志·氏族略》记载，夏朝时嬴姓诸侯中有葛国，其国君称葛伯。葛国灭亡后，其后裔遂以葛为姓。

【名人】

东晋医学家葛洪，明朝太医院官葛林。

[奚 xī]

【起源】

据《百家姓考略》记载，黄帝的儿子禺阳受封于任地。禺阳的裔孙名仲，夏朝时食采于奚地，称奚仲，其后代遂以奚为姓。

【名人】

孔子的弟子奚容箴(zhēn)，唐朝制墨专家奚鼐(nài)。

[范 fàn]

【起源】

据《百家姓考略》记载，尧帝的后裔刘累，其裔孙在晋国食采于范地，其后代遂以范为姓。

【名人】

秦末著名政治家范增，北宋文学家范仲淹。

[彭 péng]

【起源】

据《百家姓考略》记载，颛顼的后裔陆终的第三子篯铿受封于彭，称为彭祖，其子孙以彭为姓。

【名人】

中华人民共和国十大元帅之一彭德怀。

[郎] láng

【起源】

据《通志·氏族略》记载,鲁懿公的孙子费伯在郎地建郎邑,其子孙以郎为姓。

【名人】

唐朝进士朗士元,国际著名摄影家朗静山。

[鲁] lǔ

【起源】

据《通志·氏族略》记载,周公旦受封于曲阜,其地本名鲁。周武王死后,周公旦在朝辅佐周成王,让其子伯禽就封于鲁,其后世子孙遂以鲁为姓。

【名人】

古代名匠鲁班,三国时吴国名臣鲁肃。

[韦] wéi

【起源】

据《新唐书·宰相世系表》记载,夏朝少康帝封其孙元哲于豕韦,建立韦国,后被商所灭,其王族以国名韦为姓。

【名人】

汉代丞相韦贤、韦玄成。

[昌] chāng

【起源】

据《风俗通》记载,黄帝的儿子昌意,昌意的儿子颛顼,建都帝丘,为高阳氏。后来高阳氏族以祖父昌意的昌字为姓。

【名人】

南宋状元昌永,明朝高僧昌海。

[马] mǎ

【起源】

据《元和姓纂》记载,战国时赵国的名将赵奢任田税官,公正廉明,严格执行税收制度。后又受命领兵援救韩国,战胜秦国,受封于马服,其后世子孙省去服字,以马为姓。

【名人】

汉代名将马援,元朝戏剧家马致远。

[苗 miáo]

【起源】

据《通志·氏族略》记载，春秋时楚国令尹斗椒之子贲皇，受封于苗地，其后代遂以苗为姓。

【名人】

隋末农民起义军领袖苗海潮，唐朝才子苗发。

[凤 fèng]

【起源】

据《姓氏考略》记载，帝喾高辛氏时代，任凤鸟氏为历正，是掌管历法节气时令的官，其后人以祖上官职名称中的凤字为姓。又据《唐书》记载，唐代南诏国王族后裔中，有个叫阁罗凤的人。阁罗凤的儿子按王族遗规以其父名的最后一字为姓，叫凤迦异，是为凤姓之始。

【名人】

汉代医学家凤纲，清朝驻藏大臣凤荃。

[花 huā]

【起源】

据《百家姓考略》记载，花姓是从华姓中分出来的。又据《姓苑》记载，花氏出自何氏，由音变而成。花姓也有一部分是满族姓氏转变而来的。

【名人】

明初名将花云。

[方 fāng]

【起源】

据《古今姓氏书辨证》记载，黄帝后裔方雷氏，其后代到周宣王时改为单姓方。

【名人】

明朝学者方孝孺，清朝文学家方苞。

[俞 yú]

【起源】

据《通志·氏族略》记载，黄帝的大臣俞伯名跗。俞跗是医药官，他精通医术，曾注释《素问》，他是俞姓的始祖。

【名人】

明朝开国大将俞通海,清朝画家俞宗礼。

[任] rèn

【起源】

据《通志·氏族略》记载,黄帝的小儿子禹阳受封于任邑,建立任国,其子孙以任为姓。

【名人】

西汉开国名臣任敖,清朝书画家任伯年。

[袁] yuán

【起源】

据《名贤氏族言行类稿》记载,舜帝的后裔胡公满在周朝时为上卿,受封于陈。胡公满的后世子孙中有一人名伯爰,亦作伯辕。他的孙子便以祖父名字中的爰字为姓,爰与袁通用,是为袁姓之始。

【名人】

明朝文学家袁宗道、袁宏道、袁中道。

[柳] liǔ

【起源】

据《广韵》记载,春秋时鲁孝公的儿子姬展,其孙名无骇,无骇以祖父名展字为姓。展无骇生子展禽,展禽受封于柳下,遂改为柳姓,称柳下季。柳下季品行端方,知书达理,名重于诸侯,死后谥惠,史称柳下惠,据说他有坐怀不乱之德。

【名人】

唐朝文学家柳宗元,唐朝书法家柳公权。

[酆] fēng

【起源】

据《通志·氏族略》记载,周文王的小儿子姬封,周克商后受封于酆邑,其后人遂以酆为姓。

【名人】

春秋时潞国大臣酆舒,明朝进士酆庆。

[鲍 bào]

【起源】

据《元和姓纂》记载，大禹的后裔敬叔，春秋时在齐国任大夫，受齐侯之封食采于鲍邑，称鲍敬叔。他的儿子牙开始以封地鲍为姓，即鲍叔牙。

【名人】

南朝宋文学家鲍照，北宋学者鲍慎由。

[史 shǐ]

【起源】

据《姓氏考略》记载，西周初期，有史官史佚，此人名佚，史是官名，其后人遂以其官名史字为姓。另据《元和姓纂》记载，史姓出自史皇氏，其始祖是仓颉。黄帝的史官仓颉始创汉字，他的后代以史为姓。

【名人】

抗清名将史可法。

[唐 táng]

【起源】

据《百家姓考略》记载，唐姓出自陶唐氏。舜封尧子丹朱于唐，其子孙遂以唐为姓。另一说，周成王封其弟叔虞于唐地，叔虞的后代以唐为姓。

【名人】

元朝画家唐棣，明代画家、文学家唐寅。

[费 fèi]

【起源】

据《百家姓考略》记载，费姓出自嬴姓。伯益治水有功，受封于大费，其后裔遂以费为姓。另据《通志·氏族略》记载，鲁桓公的儿子季友在鲁僖公时代做鲁国宰相，受封于费，其子孙以费为姓。

【名人】

西汉古文易学开创者费直，三国时蜀国名将费祎。

[廉 lián]

【起源】

据《姓苑》记载，廉姓出自高阳氏，颛顼的裔孙大廉，其子孙以廉为姓。

【名人】

孔子弟子廉洁,战国时赵国名将廉颇。

[岑] cén

【起源】

据《通志·氏族略》记载,周武王封其弟姬渠于岑,为子爵,世称岑子,其后世子孙遂以岑为姓。

【名人】

东汉舞阴侯岑彭,唐朝诗人岑参。

[薛] xuē

【起源】

据《元和姓纂》记载,黄帝裔孙奚仲,夏朝时受封于薛,其子孙便以国名薛为姓。

【名人】

唐朝名将薛仁贵,唐朝女诗人薛涛。

[雷] léi

【起源】

据《通志·氏族略》记载,上古时有个部落称方雷氏,其后代有的以方为姓,有的以雷为姓。

【名人】

东汉名臣雷义,南朝宋著名药物学家雷敩(xiào)。

[贺] hè

【起源】

据《通志·氏族略》记载,春秋时齐桓公的后裔庆封,传至汉代其裔孙中有一人名庆纯,官侍中。为避汉文帝的父亲刘庆之讳,诏告天下:凡庆皆改为贺,庆纯改名贺纯,其子孙遂以贺为姓。

【名人】

唐朝诗人贺知章,清朝文学家贺贻孙。

[倪] ní

【起源】

据《元和姓纂》记载,西周初,周武王封曹挟于邾,郳国为小邾国。郳武公封其次子肥于郳。战国时，为楚国所灭，其后为郳氏，去邑旁为儿氏。为避仇杀，加人字旁为倪姓。

【名人】

汉代名将倪宽，元末四大家之一倪瓒(zàn)。

[汤 tāng]

【起源】

据《名贤氏族言行类稿》记载，商代成汤的后裔以祖先的名字汤为姓。

【名人】

元朝理论家汤厘，明朝戏曲家汤显祖。

[滕 téng]

【起源】

据《万姓统谱》、《广韵》记载，西周初期周武王封弟叔绣于滕，其后世子孙以滕为姓。

【名人】

东汉名臣滕延，北宋诗人滕宗谅。

[殷 yīn]

【起源】

据《元和姓纂》记载，商朝的第十代商王盘庚迁都于殷，称殷朝，其后人以殷为姓。

【名人】

南朝梁文学家殷芸，唐朝书画家殷仲容。

[罗 luó]

【起源】

据《通志·氏族略》记载，春秋时期，祝融的后代受封于罗，建罗国，其子孙以罗为姓。

【名人】

唐朝文学家罗隐，明朝文学家罗贯中。

[毕 bì]

【起源】

据《通志·氏族略》记载，西周初期，周文王的第十五子姬高受封于毕，为公爵，世称毕公高，其子孙以毕为姓。

【名人】

唐朝画家毕宏，北宋活字印刷发明者毕昇。

[郝 hǎo]

【起源】

据《新唐书·宰相世系》记载，殷王乙封子期于郝，其子孙遂以郝为姓。

【名人】

隋末农民起义首领郝孝德，元朝名臣郝经。

[邬 wū]

【起源】

据《通志·氏族略》记载，春秋时晋国人祁臧受封于邬，世称邬臧，其子孙袭用邬姓。

【名人】

孔子弟子邬单，唐朝书法家邬彤。

[安 ān]

【起源】

据《新唐书·宰相世系表》记载，黄帝之子昌意，昌意次子安居西戎，自称安息国，其后代以安为姓。

【名人】

唐朝名臣安金藏，明朝进士安伸。

[常 cháng]

【起源】

据《姓氏考略》记载，黄帝时任司空(宰相)的大臣常先，其后代均以常为姓。另据《通志·氏族略》记载，周文王之子康叔分封其子于常邑，居常邑的这部分后人则以常为姓。

【名人】

东晋史学家常璩，明朝名将常遇春。

[乐 lè]

【起源】

据《百家姓考略》记载，春秋时宋国君宋戴公儿子衍，字乐父。乐父的孙子以祖父的字乐为姓，其子孙袭用。

【名人】

战国时燕国名将乐毅。

[于] yú

【起源】

据《广韵》记载，周武王封其儿子于邘，世称邘叔。其后代去邑旁，以于为姓。

【名人】

三国时魏国名将于禁，明朝兵部尚书于谦。

[时] shí

【起源】

据《姓氏考略》记载，申叔时之后，为区别于他族，以王父字为氏。另据《世本》记载，春秋时宋国的大夫来，受封于时邑，子孙以邑名为姓。

【名人】

南宋学者时澜，明朝陶瓷专家时大彬。

[傅] fù

【起源】

据《史记·殷本纪》记载，殷商武丁时期的宰相本名说，因其早年曾于傅岩处隐居，被武丁派人访贤求得，任为相，世称傅说，其子孙以傅为姓。另据《姓氏考略》记载，黄帝裔孙大由封于傅邑，其后代以傅为姓。近年也有俗写作"付"。

【名人】

西晋哲学家傅玄，现代著名画家傅抱石。

[皮] pí

【起源】

据《元和姓纂》等书记载，周公之后裔、鲁献公之子仲山甫辅佐周宣王有功，受封于樊国，称樊侯，其子孙遂姓樊。樊侯的后代，有一人受封于皮邑，时称樊仲皮，其子孙有的以皮为姓。

【名人】

唐朝诗人皮日休，清朝经学家皮锡瑞。

[卞] biàn

【起源】

据《百家姓考略》等书记载，西周初期，周武王封其弟振铎于曹，世称曹叔振铎。曹叔振铎的后人中有一勇士名庄，受封于卞邑，称卞庄子，其后人以卞为姓。

【名人】

东晋名臣卞壶，明朝文学家卞荣。

[齐 qí]

【起源】

据《通志·氏族略》记载，"周朝太公望封于齐，国人以国为氏"。

【名人】

元朝医学家齐德之，现代著名画家齐白石。

[康 kāng]

【起源】

据《通志·氏族略》记载，西周初，周武王封幼弟于康，世称康叔，其后人以康为姓。

【名人】

明朝文学家康海，清朝思想家康有为。

[伍 wǔ]

【起源】

据《玄女兵法》等书记载，黄帝有一位大臣名伍胥，他是伍姓的始祖。

【名人】

春秋时吴国相国伍子胥，明朝兵部尚书伍文定。

[余 yú]

【起源】

据《风俗通》等书记载，"余为春秋时秦国相由余之后"。由余本为晋国人，后入秦。其子孙以祖名"余"为姓。

【名人】

唐朝古文字学家余钦，北宋工部尚书余靖。

[元 yuán]

【起源】

据《姓氏五书》记载，商朝太史元铣是元姓的始祖。另据《通志·氏族略》记载，春秋时卫国大夫元咺食邑于元，其后人以元为姓。

【名人】

唐朝宰相、诗人元稹，北宋进士元奉宗。

[卜] bǔ

【起源】

据《通志·氏族略》记载，周朝设有卜卦之官，其后人以卜为姓。

【名人】

孔子弟子卜商，明朝名医卜惠。

[顾] gù

【起源】

据《元和姓纂》记载，夏朝附庸小国顾国被成汤所灭，顾国国君的后代以顾为姓。另据《通志·氏族略》记载，越王勾践七代孙闽君摇，汉封东瓯(ōu)。摇之子封为顾余侯，汉初居会稽，亦为顾氏。

【名人】

晋代画家顾恺之，清初思想家顾炎武。

[孟] mèng

【起源】

据《元和姓纂》记载，春秋时期，鲁桓公的次子庆父，称仲孙氏。庆父在鲁国作乱，先后杀死两个国君，引起鲁国上下愤怒，庆父逃到莒国，改仲孙氏为孟孙氏。庆父的子孙先以复姓孟孙为姓，后又改为单姓孟。

【名人】

春秋儒家亚圣孟轲，唐朝诗人孟浩然、孟郊。

[平] píng

【起源】

据《通志·氏族略》记载，战国时期韩国君韩哀侯，将少子诺封于平邑，他的子孙就以封地为姓。另一支被秦国所灭，韩哀侯的后代由平邑迁往下邑，以原邑名平为姓氏。

【名人】

西汉宰相平晏，明朝大将平安。

[黄] huáng

【起源】

据《百家姓考略》记载，颛顼曾孙陆终受封于黄，建立黄国，其子孙以黄为姓。

【名人】

东汉文化名人黄香,北宋文学家黄庭坚。

[和 hé]

【起源】

据《通志·氏族略》记载,尧帝时,掌管天地四时的官是羲和,其后人引以为荣,遂以其祖先名字为姓。

【名人】

明朝名将和勇。

[穆 mù]

【起源】

据《元和姓纂》记载,春秋时,宋国国君宋殇(shāng)公,为人谦让贤德,死后谥号穆,史称宋穆公,其后世子孙遂以祖先的谥号穆为姓。

【名人】

唐朝秘书监穆宁,明朝进士穆相。

[萧 xiāo]

【起源】

据《通志·氏族略》记载,春秋时宋国微子启的后裔萧邑大夫大心,在平息南宫长万叛乱中有功,受封于萧,建立萧国,其子孙以国名萧为姓。

【名人】

西汉丞相萧何,南梁文学家萧统。

[尹 yǐn]

【起源】

据《通志·氏族略》记载,少昊帝的儿子殷受封于尹城,称尹殷,其子孙遂以尹为姓。

【名人】

清朝杰出政治家尹继善。

[姚 yáo]

【起源】

据《通志·氏族略》记载,瞽瞍生舜于姚墟。舜继尧为帝,其子孙以其出生地名姚为姓。另据《路史》记载,春秋时有姚国,为商族的后代,他的子孙便以国名为氏。

【名人】

唐朝宰相姚崇，清朝文学家姚范。

[邵] shào

【起源】

据《万姓统谱》等书记载，周文王之庶子爽受封于召邑，世称召公。后又转封于蓟，成为燕国始祖。子孙以祖先的封地召为姓。后人加邑旁，表示封邑之意，遂以邵为姓。

【名人】

北宋哲学家邵雍，清朝经学家、史学家邵晋涵。

[湛] zhàn

【起源】

据《姓氏寻源》记载，春秋时居住在湛地的人以湛为姓。另据《百家姓考略》记载，夏朝时期，有斟灌氏国。被灭后，其国人为了避祸，便去掉斗和隹字，重组成湛字，以为姓。

【名人】

明朝经学家湛若水。

[汪] wāng

【起源】

据《中国姓氏起源》记载，春秋时鲁桓公庶子满，食采于汪，其子孙以汪为姓。又据《元和姓纂》记载，上古时有汪茫氏，其后人以汪为姓。

【名人】

南宋文学家汪藻，清朝"扬州八怪"之一汪士慎。

[祁] qí

【起源】

据《元和姓纂》、《辞源》记载，春秋时晋献侯四世孙奚为晋大夫，食邑于祁，遂以邑为氏。另据《姓氏考略》记载，尧帝伊祁氏之后有祁姓。

【名人】

春秋时晋国大夫祁奚，清朝学者祁韵士。

[毛] máo

【起源】

据《通志·氏族略》记载，周文王的儿子伯聃，受封于毛邑，其后世子孙以毛为姓。

【名人】

战国时谋士毛遂。

[禹 yǔ]

【起源】

据《通志·氏族略》记载，夏禹的后人以禹为姓。另据《百家姓考略》记载，春秋时有鄅国，其后代以国名为姓，去邑旁为禹。

【名人】

清朝画家禹之鼎，民国奠基者禹之谟。

[狄 dí]

【起源】

据《广韵》记载，周朝时，在齐、鲁、晋、卫之间有狄族，其后世子孙以狄为姓。另据《百家姓考略》记载，周成王封弟孝伯于狄城，其后代子孙以狄为姓。

【名人】

唐朝名相狄仁杰，北宋名将狄青。

[米 mǐ]

【起源】

据《百家姓考略》记载，米姓始出自西域米国，其中有一支系来到中原地区，以米为姓。

【名人】

北宋书画家米芾，明朝书画家米万钟。

[贝 bèi]

【起源】

据《姓氏考略》记载，文王庶子姬奭的后代。召公康受封于蓟，其支庶子孙食采于河北巨鹿浿水，建立了浿(bèi)国，为燕国附庸，其子孙遂以国名为姓，后去邑为贝氏。

【名人】

明朝文学家贝琼，明朝太学士贝泰。

[明 míng]

【起源】

据《百家姓注》记载，燧人氏时代有大臣名明由，明姓自此始。另据《通志·氏族略》记载，春秋时秦国丞相百里奚之子孟明，其后代以明为姓。

【名人】

清朝大将明亮,清朝数学家明安图。

[臧 zāng]

【起源】

据《通志·氏族略》记载,春秋时鲁孝公的儿子驱,受封于臧地,其子孙以臧为姓。

【名人】

北宋名医臧中立,现代杰出诗人、作家臧克家。

[计 jì]

【起源】

据《百家姓注》记载,夏商时有计国,是夏禹后人的封国,计国被周人灭后,禹的后人就以封国名为姓,遂成计氏。

【名人】

春秋时越国名士计然,北宋学者计有功。

[伏 fú]

【起源】

据《氏族博考》记载,伏羲氏的后裔以伏为姓。

【名人】

汉代经学家伏胜,唐朝名医伏适。

[成 chéng]

【起源】

据《通志·氏族略》记载,西周初年,周武王封其弟叔武于郕(chéng),建立郕国,其后代以国名郕为姓,后去邑旁为成姓。

【名人】

春秋时著名琴师成连,西晋文学家成公绥。

[戴 dài]

【起源】

据《元和姓纂》记载,西周初年,周公旦在平定武庚之乱后,封商朝末代君王帝辛(纣)之庶兄微子启于商的旧都,建立宋国,定都商丘。宋国第十一位君主死后谥号曰戴公,其庶子(huī)以王父谥号为氏。

【名人】

唐初名臣戴胄、戴至德。

[谈 tán]

【起源】

据《姓苑》记载，殷商亡国后，商的后人受周武王之封，建立宋国，宋国传三十六世有一人名谈居，因其受封于谈而得名，其后世子孙以谈为姓。

【名人】

清朝科学家谈泰，清朝史学家谈迁。

[宋 sòng]

【起源】

据《通志·氏族略》记载，周武王灭殷商后，封商后裔微子启于商丘，建立宋国，宋国亡后，其王族相约以原国名宋为姓。

【名人】

战国时文学家宋玉，南宋法医学家宋慈。

[茅 máo]

【起源】

据《通志·氏族略》记载，上古周时期，周公第三子茅叔封于茅，并建立了茅国。到春秋时，茅国被邹国所灭，茅国公族子孙就以国名为姓，世代相传姓茅。

【名人】

明朝文学家茅坤，钱塘江大桥建设者茅以升。

[庞 páng]

【起源】

据《氏族考略》记载，周文王的儿子毕公高的后代，有的人受封于庞地，其后人遂以庞为姓。

【名人】

战国时名将庞涓，三国时蜀国谋臣庞统。

[熊 xióng]

【起源】

据《世本》、《古今姓氏书辨证》及《元和姓纂》等书记载，黄帝七世孙有季连，为芈姓，其后裔有鬻熊者，曾孙熊绎以王父字为氏。另据《元和姓纂》记载，相传黄帝生于寿丘，长于姬水，居轩辕之丘，建都于有熊，又称有熊氏，其后有以地为氏者，称熊姓。

【名人】

元朝文学家、音乐家熊朋来，明朝大将熊廷弼。

[纪 jǐ]

【起源】

据《通志·氏族略》记载，西周初年，追念先圣先王的功德，封炎帝的一个后代于纪，建立了纪国，春秋时，纪国被齐国所灭，纪国王族子孙就以国名为姓，世代相传姓纪。

【名人】

金代名医纪天锡，清朝名臣纪晓岚。

[舒 shū]

【起源】

据《姓氏考略》记载，周朝时，皋陶后代被封于舒，建立舒国，子爵，世称舒子，其后人以舒为姓。

【名人】

明朝学者舒芬，当代作家舒庆春(老舍)。

[屈 qū]

【起源】

据《通志·氏族略》记载，春秋时，楚武王的儿子瑕，被封于屈地，把屈作为瑕的食采之邑，故史称屈瑕，或莫敖瑕。屈瑕的后代以封地为姓，遂称屈氏。

【名人】

战国时楚国大夫屈原，清朝文学家屈大均。

[项 xiàng]

【起源】

据《通志·氏族略》记载，春秋时楚公子燕封于项城，建立项国，其后人以项为姓。

【名人】

秦末起义军领袖项羽，明朝女诗人项兰贞。

[祝 zhù]

【起源】

据《新唐书·宰相世系表》记载，西周初，周武王分封先代遗民，黄帝的后人封于祝地，建立祝国，其子孙以祝为姓。另据《元和姓纂》记载，古有祝官，其子孙以官为姓。

【名人】

明朝才子祝枝山。

[董 dǒng]

【起源】

据《广韵》记载，帝舜时有个叫董父的人善于饲养龙，称豢龙氏，赐他以董为姓，其后人袭用之。另据《姓氏急就篇》记载，春秋时晋国有史官，称董史，其后人以董为姓。

【名人】

汉代大臣董仲舒，明朝书法家董其昌。

[梁 liáng]

【起源】

据《通志·氏族略》记载，春秋时周平王的大夫秦仲有战功，周宣王封其长子为西垂大夫，封其次子康于夏阳梁山，建立梁国，其后代以梁为姓。

【名人】

南宋女抗金名将梁红玉，近代政治家、文学家梁启超。

[杜 dù]

【起源】

据《通志·氏族略》记载，帝尧的后人先封于唐，建唐国，因不服从周朝号令，被周公旦所灭，改封于杜城，其后人以杜为姓。

【名人】

唐朝诗人杜甫、杜牧。

[阮 ruǎn]

【起源】

据《通志·氏族略》记载，商代有阮国，是商的诸侯国。商末，西岐诸侯王姬昌灭阮国，原阮国王族相约以国名为姓，成为阮姓。

【名人】

东汉文学家阮瑀，三国时魏国文学家阮籍。

[蓝 lán]

【起源】

据《竹书纪年》记载，梁惠王三年，秦王子向命为蓝国国君，其后人以蓝为姓。另据《百家姓考略》记载，蓝姓"系出芈姓，楚公子亹封于蓝，谓之蓝尹，其后人以蓝为氏"。

【名人】

明朝开国功臣蓝玉，清代画家蓝洄。

[闵 mǐn]

【起源】

据《通志·氏族略》记载，春秋时，鲁庄公的儿子当了两年国君就被庆父杀害，谥号闵，称鲁闵公，其后代子孙遂以闵为姓。

【名人】

孔子弟子闵子骞。

[席 xí]

【起源】

根据《万姓宗谱》的记载，尧为部落首领的时候，遇到一个自称为席氏的老翁，击壤而歌。尧听了以后很佩服，于是拜他为师。席师就是席氏的始祖。另据《姓苑》记载，春秋时晋国大夫籍谈，是管理典籍的官，其后人以籍为姓。秦末项羽名籍，籍谈的后裔为避项籍之讳，改姓席。

【名人】

唐朝礼部尚书席豫，清朝女诗人席佩兰。

[季 jì]

【起源】

据《百家姓考略》记载，春秋时鲁桓公的儿子名季友，其后人以季为姓。

【名人】

汉代名士季布，唐朝名臣季广琛。

[麻] (má)

【起源】

据《风俗通》记载,春秋时齐国有一位大夫麻婴,其后人都姓麻。

【名人】

唐朝画家麻居礼,明朝将领麻贵。

[强] (qiáng)

【起源】

据《百家姓考略》记载,春秋时,齐国大夫公孙疆,其后人以强为姓。古代"强"与"疆"通用。

【名人】

春秋时郑国大夫强,清朝学者强行健。

[贾] (jiǎ)

【起源】

据《姓苑》记载,西周时,周康王封唐叔虞的少子公明于贾,称贾伯,其后代遂以贾为姓。

【名人】

西汉政论家、思想家贾谊,北魏农学家贾思勰。

[路] (lù)

【起源】

据《新唐书·宰相世系表》记载,帝喾高辛氏的孙子玄元,因功被封为路中侯,其子孙遂以路为姓。另据《元和姓纂》记载,黄帝封炎帝庶子于潞地,春秋时有潞子婴儿,其后以封地为氏,后去三点水为路姓。

【名人】

唐朝宰相、翰林学士路隋,南宋刑部侍郎路彬。

[娄] (lóu)

【起源】

据《百家姓考略》等书记载,周武王灭商后,追封先代贤王的后裔,把少康的后裔东楼公封于杞,遂为杞国。春秋时,杞国在周围大国的压力下被迫东迁,后来定居于淳于。杞君有一支子孙封在娄邑,遂以地名为姓,称娄姓。

【名人】

唐朝名相娄师德，明朝诗人娄坚。

[危 wēi]

【起源】

据《潜夫论》等书记载，帝舜时期，在江西鄱阳湖一带有三苗族人居住，因参与丹朱与舜争帝位，舜帝将三苗族迁至甘肃三危山一带，三苗后人遂以危为姓。

【名人】

元朝名医危亦林，明朝学士危素。

[江 jiāng]

【起源】

据《百家姓考略》等书记载，江姓出自嬴姓，颛顼裔孙伯益的后人，受封于江陵，建立江国，其子孙以江为姓。

【名人】

南朝梁国文学家江淹，清朝音韵学家江有诰。

[童 tóng]

【起源】

据《元和姓纂》记载，颛顼之子老童，其子孙以童为姓。另，春秋时期，晋国有大夫胥童，他与周朝的权臣栾书、中行偃积怨很深。后来栾书、中行偃受宠于厉公，胥童遂被杀害，他的后人为避仇杀，以祖父名为姓，改称童姓。

【名人】

清朝诗画家童钰，现代生物学家童弟周。

[颜 yán]

【起源】

据《姓氏考略》记载，颛顼的后人郳武公，名夷父，字颜，世称颜公，其子孙以颜为姓。另据《通志·氏族略》记载，周公旦的后裔有的受封于颜邑，其子孙遂以颜为姓。

【名人】

北周文学家颜之推，唐朝训诂学家颜师古。

[郭 guō]

【起源】

据《百家姓考略》记载，周武王灭商后，封虢仲于东虢，封虢叔于西虢，号曰二虢。后西虢改号郭，其后人遂以郭为姓。

【名人】

唐朝名将郭子仪，现代文学家郭沫若。

[梅 méi]

【起源】

据《通志·氏族略》记载，殷商时期有梅伯，后被纣王所杀。周武王克商后，封梅伯的后人于黄梅，其后人以梅为姓。

【名人】

北宋文学家梅尧臣，清朝天文数学家梅文鼎。

[盛 shèng]

【起源】

据《通志·氏族略》记载，周穆王时有盛国。春秋时盛国被齐国所灭，盛国国君的后人以盛为姓。

【名人】

元朝画家盛懋，明朝名医盛寅。

[林 lín]

【起源】

据《通志·氏族略》记载，殷纣王无道杀王叔比干，时比干夫人怀孕，逃至长林避难，生子名坚。周武王灭纣后，拜坚为大夫，因其曾居长林，赐为林姓。另一说，周平王有庶子林开，其后人以林为姓。

【名人】

明朝画家林旭，清朝民族英雄林则徐。

[刁 diāo]

【起源】

据《百家姓考略》记载，周文王时有雕国，其后人改雕为刁，以为姓。另据《通志·氏族略》等书记载，春秋齐国大夫竖刁为齐桓公宠臣，曾与管仲一起辅佐齐桓公建立霸业。

他的后代子孙便以祖上名字为姓，成为刁氏。

【名人】

唐朝画家刁光，清朝书法家刁戴高。

［钟 zhōng］

【起源】

据《百家姓考略》记载，"楚公族钟建封于钟吾，其后人为钟吾氏，或为钟氏"，是为钟姓之始。

【名人】

三国时大书法家钟繇(yáo)，南唐梁时文学理论家钟嵘。

［徐 xú］

【起源】

据《百家姓考略》等书记载，伯益协助大禹治水有功，禹封其子若木于徐地，若木子孙遂以徐为姓。

【名人】

明朝地理学家徐霞客，现代画家徐悲鸿。

［邱(qiū) 丘(qiū)］

【起源】

据《元和姓纂》等书记载，姜尚辅佐周武王有功受封于齐，建齐国，都营邱。后来齐国迁都临淄，姜太公的一支子孙留在营邱，以邱为姓。"邱"同"丘"，又有闾邱、梁邱，都是复姓。

【名人】

明代文渊阁大学士丘溶，全真道北七真之一丘处机。

［骆 luò］

【起源】

据《姓谱》等书记载，姜太公的裔孙公子骆，他的子孙以骆为姓。

【名人】

唐朝文学家骆宾王，清朝经学家骆象贤。

[高 gāo]

【起源】

据《百家姓考略》、《广韵》等书记载,姜太公的裔孙齐文公之子受封于高地,世称公子高,其子孙以高为姓。

【名人】

唐朝诗人高适,元末戏剧家高则诚。

[夏 xià]

【起源】

据《通志·氏族略》等书记载,周武王克商后,封夏禹的后裔东楼公于杞,建杞国。另一部分夏禹后裔没有得到封地,他们大多以夏为姓。

【名人】

北宋古文字学家、文学家夏竦。

[蔡 cài]

【起源】

据《百家姓考略》记载,周文王的儿子叔度受封于蔡,称蔡叔度,其子孙以蔡为姓。

【名人】

汉代纸的发明者蔡伦,汉代女诗人蔡文姬。

[田 tián]

【起源】

据《通志·氏族略》记载,上古时代,田、陈音相近,可以互换称呼,姓田也可称姓陈。另据《左传》、《史记》等书记载,田氏即陈氏,陈厉公子完,字敬仲,陈宣公杀其太子御寇,敬仲惧祸奔齐,改姓田。后来,敬仲的后人田和推翻姜姓齐国,称齐太公,史称田齐。

【名人】

齐国贵族田横,战国时思想家田骈。

[樊 fán]

【起源】

据《通志·氏族略》记载,周文王的后裔仲山甫在周宣王时代任卿士,受封于樊地,其子孙以樊为姓。

【名人】

汉代开国名将樊哙,清朝画家樊圻。

[胡 hú]

【起源】

据《元和姓纂》记载,周武王封舜的后裔胡公满于陈,建立陈国。陈国亡后,其公族中有一部分人以祖名胡字为姓。

【名人】

明朝开国名将胡大海,现代学者胡适。

[凌 líng]

【起源】

据《通志·氏族略》记载,周文王之子康叔封于卫,建立卫国。康叔的儿子在周朝做官,位至凌人(官名),其后人以祖上的官名凌字为姓。

【名人】

三国时吴国大将凌统,明朝御医凌云。

[霍 huò]

【起源】

据《百家姓考略》记载,周文王的儿子霍叔的后人以霍为姓。

【名人】

汉代名将霍去病,清末爱国武术大师霍元甲。

[虞 yú]

【起源】

据《通志·氏族略》记载,舜帝的儿子商均受封于虞城,其后代子孙以虞为姓。另据《百家姓考略》记载,周太王的次子仲雍的庶孙封于虞,其后人以虞为姓。

【名人】

唐朝书法家虞世南,清朝女画家虞朗。

[万 wàn]

【起源】

据《通志·氏族略》等书记载,春秋时,晋国大夫毕万的后人以祖上的万字为姓。

【名人】

战国时文学家万章。

[支] zhī

【起源】

据《姓氏考略》记载,尧舜时代有个名叫支父的人,其后代以支为姓。另一说,周朝时宗法制度下称嫡长子及继承先祖嫡长子为"宗子",嫡妻之次子以下及妾子为"支子",他们在分封时,支子有的以支为姓,遂形成支姓。

【名人】

明朝史学家支大纶,明朝文人支可大。

[柯] kē

【起源】

据《百家姓考略》记载,春秋时吴王有个儿子名柯卢,其子孙以柯为姓。

【名人】

南宋诗人柯梦得。

[昝] zǎn

【起源】

据《百家姓考略》等书记载,昝姓出自咎姓。但因咎字有灾祸之意,人们以为咎字不吉利,于是在咎字的"口"上加一横,变成昝,以昝为姓。

【名人】

唐朝博士昝商,清朝书画家昝茹颖。

[管] guǎn

【起源】

据《通志·氏族略》记载,西周初,周武王封其弟叔鲜于管,建立管国,世称管叔鲜,其后人遂以管为姓。

【名人】

春秋时齐国丞相管仲,清朝画家管珍。

[卢] lú

【起源】

据《通志·氏族略》记载,姜太公的裔孙名傒,受封于卢,其后人以卢为姓。

【名人】

唐朝宰相卢光启，唐朝诗人卢照邻。

[莫 mò]

【起源】

据《百家姓考略》、《三郡记》等书记载，莫姓出自高阳氏，是颛顼之后。颛顼曾经造鄚城，其后人去掉鄚字的邑旁，以莫为姓。

【名人】

战国时铸剑名士莫邪，北宋进士莫君陈。

[经 jīng]

【起源】

据《百家姓考略》记载，春秋时郑武公之子叔段受封于京，世称京叔段。传至汉代有一位京房因事死狱中，其后人因避祸改京姓为经姓。另据《说苑》记载，春秋时，魏有经侯，其后代皆经姓。

【名人】

清朝将领经文岱，清朝廉吏经元善。

[房 fáng]

【起源】

据《百家姓考略》记载，舜帝封尧的儿子丹朱于房，建立房国，其后人遂以房为姓。

【名人】

唐朝翻译家房融，唐朝开国名臣房玄龄。

[裘 qiú]

【起源】

据《通志·氏族略》等书记载，春秋时卫国有一位大夫受封于裘地，其子孙遂以裘为姓。

【名人】

清朝戏曲家裘琏。

[缪 miào]

【起源】

据《元和姓纂》、《通志·氏族略》等书记载，缪姓为秦穆公的后代。古时缪、穆音同，秦穆公亦称秦缪公，故其一部分子孙以缪为姓。

【名人】

三国时魏国文学家缪袭，明朝开国大将缪大亨。

[干] gān

【起源】

据《百家姓考略》记载，春秋时，宋国有一位大夫名字叫干筸，其子孙遂以干为姓。

【名人】

春秋时吴国铸剑名士干将，元朝大臣干奕。

[解] xiè

【起源】

据《通志·氏族略》记载，西周初，周武王封儿子叔虞于唐，称唐叔虞。唐叔虞的儿子名良，食采于解，称解良，其子孙以解为姓。

【名人】

晋代大臣解修，明初才子解缙。

[应] yīng

【起源】

据《百家姓考略》记载，周武王封第四子于应，建应国，称应侯，其后人遂以应为姓。

【名人】

东汉学者应劭，元朝学者应本仁。

[宗] zōng

【起源】

据《通志·氏族略》记载，周朝设有掌管国家祭祀典礼的官职，称宗伯，其后人以祖先官名宗字为姓。

【名人】

唐朝宰相宗楚客，清朝书法家宗稷辰。

[丁] dīng

【起源】

据《通志·氏族略》记载，西周初，姜太公的儿子吕伋，死后谥号丁公，其子孙遂以丁为姓。

【名人】

清末北洋水师提督丁汝昌。

[宣] xuān

【起源】

据《风俗通义》记载，西周时，周厉王的儿子姬静，继承父位为君王。他死后谥号为"宣"，是为周宣王。周宣王的一支子孙以祖上的谥号宣为姓。另据《百家姓考略》记载，春秋时鲁国大夫宣伯的子孙以祖上的谥号"宣"字为姓。

【名人】

汉代大臣宣义，明朝大臣宣国柱。

[贲] bēn

【起源】

据《名贤氏族言行类稿》、《元和姓纂》记载，贲姓起源于春秋鲁国，鲁国有一个贵族叫贲父，他的后代取贲字作为姓，世代相传，遂成贲氏。

【名人】

汉高祖时将军贲赫，汉代名人贲蒿。

[邓] dèng

【起源】

据《百家姓考略》记载，殷王武丁封叔父曼季于邓，其后人以邓为姓。另据《通志·氏族略》记载，殷商时有邓国，为侯爵，称邓侯。其子孙以邓为姓。

【名人】

三国时魏国名将邓艾。

[郁] yù

【起源】

据《姓考》记载，古代有郁国，春秋时为吴大夫的封地，其后人以郁为姓。另据《元和姓纂》记载，春秋时鲁国有宰相郁黄（一名郁贡），其后世子孙皆姓郁。

【名人】

明朝校勘家郁文博，清朝藏书家郁松年。

[单] shàn

【起源】

据《姓氏考略》记载,西周初,周成王封其少子臻于单邑,称单伯,其子孙以单为姓。

【名人】

隋唐名将单雄信,明朝脚踏水车发明者单俊良。

[杭] háng

【起源】

据《百家姓考略》等书记载,大禹治水以后,留下许多船只,禹王让他的儿子管理这些剩余的航船,封为余航国。其后人改航为杭,以杭为姓。

【名人】

东汉大臣杭徐,清朝经学家杭世骏。

[洪] hóng

【起源】

据《元和姓纂》记载,上古时炎帝的子孙共工氏,为避仇,又为有水德,共字加水旁,遂以洪为姓。

【名人】

南宋大臣洪皓,清朝戏剧家洪昇。

[包] bāo

【起源】

据《百家姓考略》记载,春秋时,楚国有一位大夫申包胥,其子孙以祖上名字中的包字为姓。

【名人】

唐朝文学家包融,北宋清官包拯。

[诸] zhū

【起源】

据《姓苑》记载,春秋时,鲁国有诸邑,在诸邑任官职受俸禄的大夫的子孙以诸为姓。另据《百家姓考略》记载,越王勾践的后人无诸在汉初因功受封为闽越王,其后人以诸为姓。

【名人】

明朝大臣诸燮，清朝诗人诸匡鼎。

[左] zuǒ

【起源】

据《元和姓纂》记载，周朝和各诸侯国设置有左史官，如：周穆王有左史戎夫，楚威王有左史倚相，他们的后人则以祖上官职名称中的首字左字为姓。

【名人】

西晋文学家左思，清朝大臣左宗棠。

[石] shí

【起源】

据《百家姓考略》记载，春秋时卫国公族大夫名石碏，其后人以石为姓。

【名人】

北宋文学家石介，元朝戏剧家石君实。

[崔] cuī

【起源】

据《百家姓考略》等书记载，齐丁公之子季子以崔地为领地，其后人遂以崔为姓。

【名人】

北宋画家崔白，清朝学者崔述。

[吉] jí

【起源】

据《百家姓考略》、《元和姓纂》等书记载，周宣王时，有大臣尹吉甫，战功卓著，其后人以祖上名字中的吉字为姓。

【名人】

唐朝才子吉中孚，明朝教育家吉惟善。

[钮] niǔ

【起源】

据《通志·氏族略》等书记载，"钮姓始祖为钮宣义。春秋时期，钮宣义为吴国从卫骑都尉，因其祖上为专职从事钮柄制作的'百工'之长，故以技艺为姓，称为钮氏。"

【名人】

明朝藏书家钮纬,清朝文学家钮树玉。

[龚 gōng]

【起源】

据《百家姓考略》等书记载,黄帝时有大臣名共工,负责管理水土。共工的儿子名句龙,继任父亲职务,他的后人遂把共字和龙字合在一起,组成龚字以为姓。

【名人】

西汉大夫龚胜,清朝学者龚自珍。

[程 chéng]

【起源】

据《百家姓考略》等书记载,颛顼之孙重黎为司火之官,受封于程地,称程伯,其后人以程为姓。另据《左传·杜预注》记载,春秋时,晋国荀氏的支子食采于程邑,其后以邑为氏,称程氏,是为山西程氏。

【名人】

隋末起义军将领程咬金,南宋理学家程颐。

[嵇 jī]

【起源】

据《百家姓考略》、《姓谱》等书记载,夏朝少康帝封其庶子于会稽,称会稽氏。西汉初,迁徙列国公族大姓,会稽氏迁至谯郡嵇山,会稽氏遂改为嵇姓。

【名人】

魏晋时期文学家嵇康,清朝水利专家嵇曾筠。

[邢 xíng]

【起源】

据《元和姓纂》记载,周公旦第四子封于邢,立邢国,其后人以邢为姓。

【名人】

唐朝文学家邢巨,明朝数学家邢有都。

[滑 huá]

【起源】

据《通志·氏族略》记载,古代有滑国,后来被晋所灭,其公族子孙以滑为姓。

【名人】

唐朝权臣滑涣,明朝名医滑寿。

[裴 péi]

【起源】

据《百家姓考略》记载,裴姓系出嬴姓。伯益之裔孙受封于蜚邑,其后人去邑从衣,改蜚字为裴字,并以裴为姓。

【名人】

西晋大臣裴楷,唐朝宰相裴度。

[陆 lù]

【起源】

据《新唐书·宰相世系表》记载,齐宣王的小儿子田通,封于陆邑,其子孙以陆为姓。

【名人】

南宋诗人陆游,清朝藏书家陆心源。

[荣 róng]

【起源】

据《百家姓考略》等书记载,周文王大夫夷公受封于荣邑,称荣夷公,其后代以荣为姓。另据《通志·氏族略》记载,周成王时,有卿士封于荣,其后人以荣为姓。

【名人】

清朝教育家荣楫。

[翁 wēng]

【起源】

据《百家姓考略》记载,周昭王庶子受封于翁山,其后人以翁为姓。另一说,夏朝初期,有贵族名叫翁难乙,他是翁姓的最早祖先。

【名人】

清朝金石学家翁方纲,清朝军机大臣翁同龢。

[荀 xún]

【起源】

据《元和姓纂》等书记载,周文王的一个儿子受封于郇,建立郇(huán)国,称郇伯。其子孙改郇为荀,以荀为姓。

【名人】

战国思想家荀况,东汉史学家荀悦。

[羊 yáng]

【起源】

据《通志·氏族略》、《百家姓考略》等书记载,羊姓出于祁姓。春秋时,晋国大夫祁盈受封于羊舌,称羊舌氏,其后人去掉舌字,以羊为姓。

【名人】

秦代哲学家羊子,南朝宋书法家羊欣。

[於 yú]

【起源】

据《世本》记载,黄帝时有一位大臣因有功受封于於,遂名於则,其子孙以於为姓。

【名人】

南宋画家於清言,明朝画家於竹屋。

[惠 huì]

【起源】

据《百家姓考略》、《元和姓纂》记载,周惠王的后代子孙,以祖上的谥号惠字为姓。

【名人】

清朝经学家惠士奇。

[甄 zhēn]

【起源】

据《百家姓考略》、《元和姓纂》记载,皋陶的次子仲甄在夏朝为卿,受封于甄,其子孙遂以甄为姓。

【名人】

北周数学家甄鸾(luán),唐朝名医甄立言。

[曲 qū]

【起源】

据《风俗通义》记载,周武王将第三个儿子封在晋地,这位王子叫叔虞,他的第八代孙子即春秋晋国的晋穆侯,晋穆侯又封其少子成师为曲沃那个地方的首领,成师的子孙就以封地为姓,为曲沃氏。后来又改为单姓曲,遂有曲氏,世代相传。

【名人】

唐朝名将曲环，北宋名将曲端。

[家 jiā]

【起源】

据《百家姓考略》等书记载，周孝王的一个儿子名家父，家父忠诚正直，后世子孙以他为荣，就取家字为姓，世代相传。

【名人】

北宋文学家家定国，南宋学者家铉翁。

[封 fēng]

【起源】

据《姓苑》等书记载，炎帝裔孙名钜，为黄帝师，夏朝时封其后代于封父，其子孙遂以封为姓。

【名人】

唐朝翰林学士封敖，唐朝名相封德彝(yí)。

[芮 ruì]

【起源】

据《百家姓考略》记载，西周初，周武王封姬姓司徒于芮，建立芮国，称芮伯，其后人以芮为姓。

【名人】

唐朝太学生芮挺章，清朝经学家芮城。

[羿 yì]

【起源】

据《百家姓考略》等书记载，夏代有东夷族的首领后羿的子孙以羿为姓。

【名人】

明朝名臣羿忠。

[储 chǔ]

【起源】

据《百家姓溯源》记载，上古时有储国，储国公族的后代以储为姓。另据《风俗通》记载，春秋时，齐国有一位大夫储子，其后世子孙以储为姓。

【名人】

唐朝文学家储光羲，清朝地理学家储大文。

[靳] jìn

【起源】

据《风俗通》记载，战国时，楚怀王有侍臣名尚，受封于靳江，称靳尚，其子孙以靳为姓。

【名人】

汉代车骑将军靳歙，明朝武英殿大学士靳贵。

[汲] jí

【起源】

据《通志·氏族略》等书记载，汲姓出自姬姓。春秋时，周文王的后人康叔封于卫，建立卫国。卫宣公的太子居于汲，称太子汲，其后世子孙以汲为姓。

【名人】

汉代名将汲黯，北魏大臣汲固。

[邴] bǐng

【起源】

据《通志·氏族略》记载，春秋时，晋国大夫封于邴，其后人以邴为姓。

【名人】

西汉清官邴汉，东汉名士邴原。

[糜] mí

【起源】

据《百家姓考略》记载，"糜、夏同姓，诸侯有糜之后"。另一说，糜姓起源于夏代，当时有人以种植粮食作物"糜子"闻名于世，其后人以糜为姓。

【名人】

三国时魏国经学家糜信，三国时富商糜竺。

[松] sōng

【起源】

据《元和姓纂》记载，秦始皇巡幸泰山遇雨，避雨于松树下，封此松树为"五大夫松"，同时在松树下避雨的人以松为姓。

【名人】

明朝清官松冕。

[井] jǐng

【起源】

据《通志·氏族略》记载，周朝大夫井利的后人以井为姓。另据《百家姓考略》记载，春秋时，虞国有人受封于井邑，称井伯，其后代以井为姓。

【名人】

汉代经学大师井丹，明朝都尉井源。

[段] duàn

【起源】

据《元和姓纂》记载，春秋时，郑武公之子，郑庄公之弟，称共叔段，其子孙有的姓共，有的姓段。另据《史记》记载，道家始祖老子李聃的后世子孙，有的在鲁国为卿，食采于段，其后人以段为姓。

【名人】

唐朝文学家段成式，清朝学者段玉裁。

[富] fù

【起源】

据《通志·氏族略》记载，周朝大夫富辰，其子孙以富为姓。另据《元和姓纂》记载，春秋时鲁国有富父氏，其后人以富为姓。

【名人】

北宋宰相富弼，元朝诗人富恕。

[巫] wū

【起源】

据《姓氏考略》载："黄帝臣巫彭作医，为巫氏之始。"巫彭是黄帝轩辕氏的大臣，曾奉黄帝之命与相君"处方盛饵，湔瀚刺治，而人得以尽年"，成为中国医学的开创人。他是巫姓的开族始祖。另据《风俗通》记载，"凡氏于事，巫、卜、匠、陶是。"巫姓来自于其所从事的职业。

【名人】

明朝名将巫凯，明朝名士巫子秀。

[乌 wū]

【起源】

据《百家姓考略》记载，上古少昊氏以鸟名任命官职，有掌管高山丘陵的乌鸟氏，其后人以乌为姓。

【名人】

唐朝大将乌承玼(bǐ)，明朝诗人乌斯道。

[焦 jiāo]

【起源】

据《通志·氏族略》记载，西周初，周武王封神农氏的后代子孙于焦，建立焦国，其后人以焦为姓。

【名人】

汉代经学家焦延寿，明朝文渊阁大学士焦芳。

[巴 bā]

【起源】

据《通志·氏族略》记载，周朝时，在四川东部地区有巴子国，子爵，巴子国君后代以巴为姓。

【名人】

汉代大臣巴茂，清朝画家巴慰祖。

[弓 gōng]

【起源】

据《姓氏考略》记载，上古时主管制造弓弩的官叫弓正，其子孙以弓为姓。

【名人】

晋代制弓名匠弓工，十六国前秦勇将弓蚝。

[牧 mù]

【起源】

据《通志·氏族略》记载，"牧氏，黄帝相力牧之后。"此说法，亦见于《百家姓考略》。这是牧姓之始。

【名人】

孔子弟子牧皮，明朝大臣牧相。

[隗] kuí

【起源】

据《百家姓考略》记载，商汤灭夏桀之后，封夏桀后人于隗，建立隗国，其后人以隗为姓。

【名人】

东汉名将隗嚣，三国时经学家隗禧。

[山] shān

【起源】

据《广韵》记载，周朝置有掌管山林之官，其后人以山为姓。

【名人】

西晋文学家山涛、山简。

[谷] gǔ

【起源】

据《通志·氏族略》记载，周朝封颛顼后裔于秦谷，其后代遂以山谷为姓。汉有谷永，又有谷那，复姓也。

【名人】

三国时吴国大将谷利，清朝学者谷应泰。

[车] chē

【起源】

据《世本》记载，黄帝时有大臣名字叫车区，为车姓的始祖。另据《百家姓考略》记载，车姓出自子车氏。春秋时，秦国公族有子车仲行，其后人以车为姓。

【名人】

晋代大将军车胤，隋朝画家车惠畴。

[侯] hóu

【起源】

据《姓氏考略》等书记载，西周初，封夏侯氏后裔于侯，建立侯国，其子孙以侯为姓。

【名人】

明末清初文学家侯方域，清朝女文学家侯芝。

[mì
宓]

【起源】

据《百家姓考略》记载，宓出自太昊氏。上古时伏羲亦作宓羲，伏与宓音同。宓姓乃伏羲氏之后代。

【名人】

孔子弟子宓不齐。

[péng
蓬]

【起源】

据《万姓统谱》、《百家姓考略》等书记载，西周初，封君主的支庶子孙于蓬州，其后代遂以蓬为姓。

【名人】

汉代名士蓬萌。

[quán
全]

【起源】

据《百家姓考略》等书记载，西周设有泉府官掌管钱财，古时泉即钱财。泉府官的后人以泉为姓。泉与全音同，遂改为全姓。另据《姓氏考略》记载，古有全地，居住在全地的人以全为姓。

【名人】

明朝学者全整，清朝学者全祖望。

[xī
郗]

【起源】

据《姓氏考略》、《百家姓考略》等书记载，西周初，周武王封少昊氏的后裔于郗，其子孙遂以郗为姓。

【名人】

汉代大夫郗虑，晋代太尉郗鉴。

[bān
班]

【起源】

据《百家姓考略》记载，楚令尹子文，幼时被弃于野外，吃虎乳长大，因虎身有斑纹，其后人以斑为姓，后又改为班姓。

【名人】

东汉史学家班彪，东汉外交家班超。

[仰] yǎng

【起源】

据《吕氏春秋》、《姓氏考略》记载，虞舜帝时代，有一位大臣名仰延，其后人以仰为姓。

【名人】

明朝大理丞相仰瞻。

[秋] qiū

【起源】

据《百家姓考略》记载，春秋时鲁国大夫仲孙湫，其裔孙名胡，世称湫胡，湫胡的支庶子孙去掉湫字的水旁，以秋为姓。

【名人】

南唐才女秋水，清末女革命家秋瑾。

[仲] zhòng

【起源】

据《元和姓纂》记载，黄帝后裔高辛氏中有两个叫仲堪、仲熊的人，其后世子孙以仲为姓。

【名人】

孔子弟子仲由，东汉哲学家仲长统。

[伊] yī

【起源】

据《百家姓考略》记载，帝尧生于伊水，姓伊祁氏，其后人遂以伊为姓。

【名人】

汉代经学家伊推，唐朝名将伊慎。

[宫] gōng

【起源】

据《古今姓氏书辨证》记载，西周时，朝廷中有专管宫廷修缮、清理环境的职务，名为宫人，其后代遂以宫为姓。

【名人】

元朝音乐家、戏剧家宫天授。

[宁 níng]

【起源】

据《元和姓纂》记载，春秋时，秦国秦襄公的曾孙死后，谥号宁，称宁公，其子孙以宁为姓。另据《姓氏考略》记载，卫国卫成公的儿子季盛受封于宁邑，其后世子孙遂以祖上的封邑宁字为姓。

【名人】

元朝将军宁玉，清朝名臣宁完我。

[仇 qiú]

【起源】

据《百家姓考略》等书记载，夏代有诸侯九吾氏。商代建立九国，为侯爵。商代末年，纣王杀九侯，其族人为避祸加人字旁，改九为仇，以仇为姓。

【名人】

元朝诗人仇远，明朝画家仇英。

[栾 luán]

【起源】

据《世本》等书记载，春秋时，晋靖侯的孙子宾，受封于栾邑，其后代遂以栾为姓。

【名人】

汉初大将栾布，明朝学者栾惠。

[暴 bào]

【起源】

据《风俗通》等书记载，商朝时有暴国，为公爵，到周朝暴国仍为诸侯国，后并入郑国。暴国的后人以暴为姓。

【名人】

清朝诗人、书法家暴昭。

[甘 gān]

【起源】

据《通志·氏族略》记载，夏朝时有甘国，其国君家族以国名甘为姓。

【名人】

战国时秦国名臣甘茂，战国时小神童甘罗。

[钭 tǒu]

【起源】

据《百家姓考略》等书记载，战国时，田和篡齐，齐康公被迁于海上，居洞穴，吃野菜，以钭(酒器)当锅，烹煮食物。其支庶子孙遂以钭为姓。

【名人】

宋朝处州刺史钭滔。

[厉 lì]

【起源】

据《风俗通》记载，西周时，齐国君主姜无忌去世，谥号厉，称齐厉公，其支庶子孙以厉为姓。

【名人】

唐朝诗人厉玄，清朝文学家厉鹗。

[戎 róng]

【起源】

据《百家姓考略》记载，周朝时有戎国，为齐国的附庸，其公族以戎为姓。

【名人】

唐朝诗人戎昱，明朝清官戎洵。

[祖 zǔ]

【起源】

据《通志·氏族略》记载，商汤的裔孙有祖甲、祖乙、祖己、祖丁，都先后为商王，他们的子孙以祖为姓。

【名人】

东晋名将祖逖，南朝科学家祖冲之。

[武 wǔ]

【起源】

据《元和姓纂》记载，周平王的小儿子，生下来手上有"武"字手纹，遂赐姓武。另据《风俗通》记载，春秋时，宋武公的后代以其谥号武为姓。

【名人】

唐朝女皇武则天，北宋画家武宗元。

[符 fú]

【起源】

据《元和姓纂》记载，春秋时，鲁顷公的孙子雅，在秦国任符玺令，其子孙遂以符为姓。

【名人】

汉代学者符融，清朝诗人符曾。

[刘 liú]

【起源】

据《通志·氏族略》记载，帝尧陶唐氏的后人，有的被封于刘地，其后人遂以刘为姓。

【名人】

汉高祖刘邦，南朝文艺理论家刘勰。

[景 jǐng]

【起源】

据《百家姓考略》记载，春秋时，楚国有大夫景差，其后人皆姓景。另据《姓氏考略》记载，战国时，齐景公之后人以景为姓。

【名人】

清朝诗人、园艺家景星杓。

[詹 zhān]

【起源】

据《姓苑》、《百家姓考略》等书记载，周宣王封其支庶子孙于詹，建立詹国，其后人以詹为姓。

【名人】

明朝名臣詹同，近代铁路工程学家詹天佑。

[束 shù]

【起源】

据《百家姓考略》记载，束姓出自田姓。战国时，齐国有疎族，其后去掉足旁，以束为姓。

【名人】

晋代学者束晳，元朝画家束宗庚。

[龙 lóng]

【起源】

据《通志·氏族略》记载，黄帝裔孙董父好畜龙，赐为豢龙氏，其后人以龙为姓。另有一说出自舜时纳言龙之后，以官名为姓。

【名人】

秦末楚汉争霸时期西楚国大将龙且。

[叶 yè]

【起源】

据《百家姓考略》等书记载，春秋时，楚庄王裔孙沈诸梁封于叶，建叶国，公爵，世称叶公，其子孙以叶为姓。

【名人】

南宋诗人叶绍翁。

[幸 xìng]

【起源】

据《姓氏五书》记载，古代君王身边有幸臣，其子孙引以为荣，遂以幸为姓。

【名人】

唐朝文学家幸南谷。

[司 sī]

【起源】

据《百家姓考略》记载，春秋时，郑国有大夫名司臣，其子孙皆姓司。

【名人】

元朝理学家司良辅，明朝名医司轲。

[韶 sháo]

【起源】

据《姓氏考略》记载，舜帝时有乐官，作曲名《韶》，时称《韶乐》。乐官的子孙遂以祖上创作的乐曲名韶字为姓。

【名人】

明朝按察佥事韶护。

[郜 gào]

【起源】

据《通志·氏族略》记载，周文王的一个儿子封于郜，其后人以郜为姓。

【名人】

清代旅游家郜琏，清代学者郜坦。

[黎 lí]

【起源】

据《元和姓纂》记载，黄帝后裔颛顼的孙子封于黎阳，建立黎国，其子孙以黎为姓。又有黎丘氏。

【名人】

清朝治水名臣黎世亭，清朝文学家黎恂。

[蓟 jì]

【起源】

据《姓氏考略》等书记载，西周初，周武王封黄帝的后人于蓟，建立蓟国，其后人以蓟为姓。

【名人】

汉代名士蓟子训。

[薄 bó]

【起源】

据《百家姓考略》记载，薄姓系出古薄姑氏。另一说，春秋时，宋国有一位大夫受封于薄，其子孙遂以薄为姓。

【名人】

南朝宋书法家薄绍之，明朝科学家薄钰。

[印 yìn]

【起源】

据《广韵》、《百家姓考略》等书记载，郑穆公的儿子晖，字子印，其子孙在郑国为大夫，以祖上的字印为姓。

【名人】

抗元名将印应雷，清朝首任澳门同知印光任。

[宿 sù]

【起源】

据《姓氏考略》记载，西周初，周武王封伏羲氏的后人于宿，建立宿国，其后世子孙以宿为姓。

【名人】

孔子弟子宿伯，隋朝大臣宿勤武。

[白 bái]

【起源】

据《百家姓考略》记载，春秋时，秦文公的儿子名公白，其后代以白为姓。另据《元和姓纂》记载，春秋时，秦国的名臣百里奚有一个孙子叫白乙丙，其后人以白为姓。

【名人】

唐朝诗人白居易，唐朝文学家白行简。

[怀 huái]

【起源】

据《路史》记载，春秋时，宋国微子启的后代皆姓怀。另据《百家姓考略》记载，西周初，周武王封其弟叔虞于怀，后又改封于晋，叔虞的后人有一支以怀为姓。

【名人】

唐朝书法家怀素，清朝文士怀应聘。

[蒲 pú]

【起源】

据《百家姓考略》记载，夏代封帝舜的后裔于州蒲，其子孙以蒲为姓。

【名人】

三国时蜀国铸刀名匠蒲元，清朝文学家蒲松龄。

[邰 tái]

【起源】

据《百家姓考略》记载，尧帝封后稷于邰，其子孙以邰为姓。

【名人】

明朝著名孝子邰茂质，明朝制墨家邰格之。

[从] cóng

【起源】

据《元和姓纂》记载，周平王封少子精英于枞，建枞国，称枞侯，其后人改枞为从，以从为姓。

【名人】

唐朝佛学家从谂，明朝太学生从任。

[鄂] è

【起源】

据《百家姓考略》记载，春秋时，晋侯光居于鄂，其子孙以鄂为姓。另据《姓氏考略》记载，楚王子封于鄂，称鄂王，其子孙以鄂为姓。

【名人】

汉初开国大臣鄂千秋。

[索] suǒ

【起源】

据《姓氏考略》等书记载，索姓出自子姓，是商汤王的后裔。西周初，周武王把殷商七族中的索氏迁于鲁定居，其后人皆姓索。

【名人】

晋代书法家索靖。

[咸] xián

【起源】

据《姓苑》记载，商朝时有掌卜祝巫事的大臣，称咸巫，其后代以咸为姓。

【名人】

孟子弟子咸丘蒙，唐朝才子咸冀。

[籍] jí

【起源】

据《通志·氏族略》记载，春秋时，晋大夫荀林父之孙负责管理典籍文献，其后代以籍为姓。

【名人】

春秋晋国大夫籍谈，汉武帝内臣籍福。

[赖 lài]

【起源】

据《风俗通》记载，西周初，周武王封炎帝后裔于赖，建立赖国，其后人以赖为姓。

【名人】

元朝文学家赖良，清朝诗人、书画家赖珍。

[卓 zhuó]

【起源】

据《战国策》记载，春秋时，楚威王有个儿子名公子卓，其后代以卓为姓。

【名人】

汉代才女卓文君，明朝翰林画家卓迪。

[蔺 lìn]

【起源】

据《通志·氏族略》记载，春秋时，晋穆公的少子封于韩，建立韩国。传至韩厥，其玄孙名康，仕于赵国，受封于蔺，其子孙遂以蔺为姓。

【名人】

战国时秦国名将蔺相如。

[屠 tú]

【起源】

据《百家姓考略》记载，商王族后裔封于，建立国，其后人去掉邑旁，以屠为姓。

【名人】

明朝戏剧作家、文学家屠隆，清朝天文学家屠守仁。

[蒙 méng]

【起源】

据《元和姓纂》记载，夏朝初，封颛顼之后人于蒙双，其子孙遂以蒙为姓。

【名人】

战国时秦国名将蒙恬，唐朝名将蒙归义。

[池 chí]

【起源】

据《百家姓考略》记载，战国时，秦王族公子池，其子孙以池为姓。另据《风俗通》

记载，春秋时，城邑有城墙，墙外有护城河，称为池，居于池畔的人家便以池为姓。

【名人】

战国时秦国丞相池子华，明朝诗人池显方。

[乔 qiáo]

【起源】

据《通志·氏族略》等书记载，黄帝逝世后葬于桥山(今陕西黄陵县)，守陵人遂以山名桥字为姓，后人又简化为乔。

【名人】

唐朝宰相乔琳，元朝散曲家乔吉。

[阴 yīn]

【起源】

根据《元和姓纂》的记载，周文王的第三子名管叔鲜，管仲就是管叔鲜的后代，管仲的裔孙名修，仕于楚国，封为阴大夫，世称阴修，其子孙以阴为姓。

【名人】

南朝陈文学家阴铿，明朝大学问家阴秉衡。

[郁 yù]

【起源】

据《姓苑》记载，古有鬱(郁字的繁体)国，为吴大夫封地，其公族以鬱为姓。另据《百家姓考略》记载，鬱姓"出自鬱林氏，楚伐郁林，迁其民于郢，为鬱氏"，也就是现在的郁姓。

【名人】

清朝旅游家郁永河，现代小说家与散文家郁达夫。

[胥 xū]

【起源】

据《通志·氏族略》记载，春秋时，晋国大夫胥臣，他的后代以胥为姓。

【名人】

北宋翰林学士胥偃，明朝御史胥必彰。

[能 néng]

【起源】

据《百家姓考略》、《姓苑》等书记载，能姓出自熊姓。西周初，周成王有大臣熊绎，因功受封，开始建立楚国。熊绎的儿子熊挚被封于夔，建夔国，后来被灭。其国人为避难，改熊为能，以能为姓。

【名人】

唐朝大将能元皓。

[苍 cāng]

【起源】

据《风俗通》记载，黄帝之孙颛顼有八子，帮助尧帝治国。颛顼的长子名苍舒，其子孙以苍为姓。

【名人】

上古高阳氏八才子之一苍舒，汉代江夏太守苍英。

[双 shuāng]

【起源】

据《百家姓考略》等书记载，颛顼帝的裔孙受封于双蒙城，其子孙后代以双为姓。

【名人】

三国时魏国名吏双士洛，唐朝官州刺史双子符。

[闻 wén]

【起源】

据《风俗通》等书记载，闻姓出自闻人氏。春秋时，鲁国有一位名人少正卯，很有学问，但他的主张与孔子不合。后来，孔子在鲁国任大司寇时杀了少正卯。因少正卯是当时闻名的人，其后代便以闻人二字为姓，其后一部分子孙又改姓闻。

【名人】

明朝吏部尚书闻渊，现代爱国主义诗人闻一多。

[莘 shēn]

【起源】

据《百家姓考略》记载，夏王启封帝喾高辛氏之子挚于莘地，其子孙遂以莘为姓。

【名人】

明朝文学家莘野，清朝书法家、篆刻家莘开。

[党 dǎng]

【起源】

据《百家姓考略》记载，党姓出自夏后氏。夏禹后裔世居党项，遂以党为姓。

【名人】

北宋忠武军节度使党进，明朝总兵党威。

[翟 zhái]

【起源】

据《百家姓考略》记载，黄帝的一支后裔居于翟地，遂以翟为姓。

【名人】

汉代丞相翟方进，明朝医学家翟良。

[谭 tán]

【起源】

据《姓谱》记载，周初大封诸侯时，姒姓的一支被封于谭国(今山东省章丘县西)，爵位为子。谭国国势一直不盛，不久就沦为齐国的附庸。到了春秋初期，齐桓公称霸诸侯，吞并了谭国。谭国国君之子逃亡到莒国(今山东莒县)，而留在故国的子孙就以国为氏，称谭氏，史称谭氏正宗，是为山东谭氏。

【名人】

明朝抗倭名将谭纶，清末政治改革家谭嗣同。

[贡 gòng]

【起源】

据《百家姓考略》等书记载，春秋时，孔子的弟子子贡的后人，有一部分人以贡为姓。

【名人】

西汉大臣贡禹，元朝户部尚书贡师泰。

[劳 láo]

【起源】

据《姓谱》、《百家姓考略》等书记载，现在山东青岛市之东有崂山，古称劳山。西汉初，劳山人始与内地相通。汉王朝便赐劳山之居民以劳为姓。

【名人】

唐朝贤士劳夷，清朝名臣劳崇光。

[逢]（páng）

【起源】

据《百家姓考略》等书记载，炎帝裔孙名字叫陵，商朝时受封于逢，建立逢国，为伯爵，世称逢伯陵。其后人以逢为姓。

【名人】

东汉时期大司马逢安，春秋时期晋国大夫逢滑。

[姬]（jī）

【起源】

据《帝王世纪》、《百家姓考略》等书记载，黄帝出生于姬水，遂以姬为姓。周朝王族是黄帝后裔，姬姓之始。

【名人】

周武王姬发，明朝律学家、数学家姬敏。

[申]（shēn）

【起源】

据《元和姓纂》等书记载，炎帝后裔中有人受封于申地，建立申国，伯爵，世称申伯吕，其后人以申为姓。

【名人】

战国时韩国相国申不害，清朝诗人申涵光。

[扶]（fú）

【起源】

据《路史》记载，在上古时期，大禹建立了夏朝。大禹的手下有个叫扶登氏的大臣，扶登氏的后代以扶为姓，是扶姓最早的起源。

【名人】

汉代道家名士扶少明，汉代经学家扶卿。

[堵]（dǔ）

【起源】

据《百家姓考略》等书记载，春秋时，郑国大夫泄寇被封于堵邑，世称泄堵寇，其后人以堵为姓。

【名人】

元朝诗人堵简,清朝女诗人堵霞。

[冉 rǎn]

【起源】

据《百家姓考略》记载,西周初,周文王少子季载受封于(nà),称季载,其后代去掉字的邑旁,以冉为姓。

【名人】

孔子弟子冉雍、冉耕、冉有。

[宰 zǎi]

【起源】

据《百家姓考略》记载,宰姓系出姬姓。周朝有大夫宰孔,其后人以宰为姓。

【名人】

孔子弟子宰予,明朝著名孝子宰应文。

[郦 lì]

【起源】

据《元和姓纂》记载,夏禹王封黄帝后人于郦邑,建立郦国。其后代遂以郦为姓。

【名人】

南北朝时北魏地理学家郦道元,清朝诗人郦滋德。

[雍 yōng]

【起源】

据《通志·氏族略》记载,西周初,周文王第十三子被封于雍,伯爵,称雍伯,其后人以雍为姓。

【名人】

唐朝诗人雍陶,明朝围棋国手雍熙日。

[郤 xì]

【起源】

据《古今姓氏书辨证》记载,春秋时,晋国公族叔虎在征战中立功,晋献公把郤邑封给他,建立郤国,子爵,称郤子,其后人以郤为姓。

【名人】

三国时蜀汉太守郤正，春秋时晋国大夫郤缺。

[璩 qú]

【起源】

据《姓氏考略》记载，璩与蘧通用，是指用金银制的耳环，最早制作璩(耳环)的人，其子孙遂以璩为姓。

【名人】

唐代良吏璩瑗，明朝书法家璩光岳。

[桑 sāng]

【起源】

据《通志·氏族略》记载，春秋时，秦国公族公孙枝，字子桑，其后世子孙以其字桑为姓。

【名人】

三国时魏音乐家桑馥，汉代学者、著名地理学家桑钦。

[桂 guì]

【起源】

据《桂氏家乘序》记载，周朝王族后裔姬季桢在秦国任博士。秦始皇焚书坑儒时季桢被杀。其弟季眭(音桂)为避祸，以自己名字眭的同音字桂为子孙之姓。

【名人】

清朝文字训诂学家桂馥，清朝名臣桂中行。

[濮 pú]

【起源】

据《路史》记载，虞舜的子孙封于濮地，其后人以濮为姓。另据《姓苑》记载，春秋时，卫国有一位大夫受封于濮地，其子孙遂以濮为姓。

【名人】

南宋画家濮万年，清朝竹刻画家濮仲谦。

[牛 niú]

【起源】

据《通志·氏族略》记载，商汤的后人，宋微子的裔孙名叫牛父，在宋国为官，为保卫宋国战死，其子孙便以牛字为姓。

【名人】

唐朝宰相牛僧孺，清朝金石学家牛运震。

[寿 shòu]

【起源】

据《史记》、《风俗通》记载，春秋时，有吴王寿梦，他是春秋末期一度称霸诸侯的吴国杰出之祖，是周朝初年吴国之主周章的十四世孙，其子孙以寿为姓。

【名人】

晋代经学家寿良，元朝高僧寿宁。

[通 tōng]

【起源】

上古时有皇帝封为彻侯的人，他的后人以"彻"为姓，到了西汉时，为避汉武帝的名讳，将"彻"改为"通"，称为通氏。另据《元和姓纂》等书记载，春秋时，巴国有大夫封于通州，其子孙遂以通为姓。

【名人】

清代诗画家、僧人通证。

[边 biān]

【起源】

据《元和姓纂》记载，商代时有边国，伯爵，称边伯，其子孙皆姓边。

【名人】

明朝画家边文进，明朝诗人边浴礼。

[扈 hù]

【起源】

据《通志·氏族略》记载，夏时的诸侯国扈，秦时改为雩，国亡后子孙就以国为姓，称为扈氏。

【名人】

南宋将领扈再兴，北宋历史学家扈蒙。

[燕] yān

【起源】

据《通志·氏族略》记载，商朝封黄帝后裔伯倏于燕，其后人以燕为姓。另据《百家姓考略》记载，西周初，周武王封召公姬奭于燕，建立燕国，其子孙以燕为姓。

【名人】

孔子弟子燕伋，元朝大司农燕公楠。

[冀] jì

【起源】

据《元和姓纂》记载，春秋时，晋国大夫舄芮受封于冀，其子孙遂以冀为姓。

【名人】

明朝学者冀元亨，清朝易学家冀如锡。

[郏] jiá

【起源】

据《姓苑》记载，出自郏大夫郏(jiá)张，他的后代就以封邑为姓氏。据《元和姓纂》记载，周朝王族后裔定居于郏鄏(rù)，遂以郏为姓。

【名人】

北宋著名水利学家郏亶，清朝画家郏伦达。

[浦] pǔ

【起源】

据《百家姓考略》等书记载，姜太公的后裔晋国大夫浦跌，其后人以浦为姓。

【名人】

明朝诗人浦源，清朝史学家浦起龙。

[尚] shàng

【起源】

据《万姓统谱》等书记载，姜太公名尚，辅佐周武王灭商有功，受封于齐。姜太公在周朝为太师，称太师尚父，或简称尚父，他的后世子孙便以他的名字尚为姓。

【名人】

元朝戏剧家尚仲贤，清朝大将尚可喜。

[农 nóng]

【起源】

据《风俗通》记载，西周初，封神农氏后裔任农正官，管理农业生产，其后人遂以农为姓。

【名人】

明朝的一位名儒农益，明朝官吏农猷(yóu)。

[温 wēn]

【起源】

据《元和姓纂》记载，西周初，周武王封其子叔虞于唐，称唐叔虞，其后人中的一支受封于温地，这一支族人以温为姓。

【名人】

唐朝诗人温庭筠，明朝宰相温体仁。

[别 bié]

【起源】

据《百家姓考略》记载，"古诸侯卿大夫长子，世为宗子。宗子之次子，世为小宗。小宗之次子为别子。"按古代宗法制度，别子不能姓祖父之姓，有的人就以别为姓。

【名人】

南宋兵部尚书别之杰。

[庄 zhuāng]

【起源】

据《姓氏考略》记载，春秋时，楚庄王的支庶子孙以祖上谥号庄为姓。

【名人】

战国时哲学家庄周，元朝藏书家庄肃。

[晏 yàn]

【起源】

据《百家姓考略》记载，晏姓系出陆终氏，陆终的儿子晏安，其后人以晏为姓。

【名人】

北宋宰相晏殊，北宋大臣晏敦复。

[柴] chái

【起源】

据《通志·氏族略》记载，西周初，周武王封姜太公于齐，建立齐国。齐国公族本为姜姓，但其后世裔孙有一人名高柴。高柴的孙子字举，他以其祖父的柴字为姓，名柴举，其后人皆以柴为姓。

【名人】

孔子弟子有柴高，清朝书法家柴本勤。

[瞿] qú

【起源】

据《百家姓考略》记载，商朝有个大夫因受封于瞿上，从而名瞿父，其子孙遂以瞿为姓。另据《宣和博古图》记载，商代青铜器皿中有瞿父鼎。瞿父，是以封地名而命姓瞿的。

【名人】

明末抗清名将瞿式耜(sì)，清朝金石学家瞿中溶。

[阎] yán

【起源】

据《新唐书·宰相世系表》记载，西周初，周武王封太伯曾孙仲奕于阎乡，仲奕的后代遂以阎为姓。

【名人】

唐朝画家阎立本，北宋医官阎文显。

[充] chōng

【起源】

据《姓谱》记载，周朝官制中有充人一职。充人是管饲养祭祀用牲畜的官，其后代以充为姓。

【名人】

孟子弟子充虞，秦朝方士充尚。

[慕] mù

【起源】

据《路史》记载，帝喾的后裔中有慕容氏，慕容氏的后人中有的以慕为姓。

【名人】

元朝刑部侍郎慕完，清朝江苏巡抚慕天颜。

[连 lián]

【起源】

据《姓氏考略》记载，颛顼曾孙陆终的儿子名惠连，其后代以连为姓。

【名人】

南宋大臣连南夫，明朝天文学家连登岸。

[茹 rú]

【起源】

据《百家姓考略》记载，茹姓出自如姓，汉代有人名如淳，其后人加草头，遂成茹，以茹为姓。

【名人】

唐朝宰相茹汝升，清朝兵部尚书茹棻(fēn)。

[习 xí]

【起源】

据《风俗通》记载，古代有习国，习国灭后，其公族以习为姓。

【名人】

三国时吴国名臣习温，明朝文学家习经。

[宦 huàn]

【起源】

据《姓氏五书》记载，宦姓"当取意于仕宦，不以阉宦为姓，今贵州遵义县有此姓，江苏丹阳亦多"。据此可知，宦姓出自官宦的后代。

【名人】

明朝进士宦绩，中国当代书画名人宦善龙。

[艾 ài]

【起源】

据《通志·氏族略》记载，艾氏为"夏少康臣汝艾之后"。据此可知，夏朝少康帝时，有一位大臣汝艾，其子孙以艾为姓。

【名人】

明朝学者艾南英,清朝书画家、金石学家艾显。

[鱼 yú]

【起源】

据《百家姓考略》记载,鱼姓"系出子姓,宋司马子鱼之后,以父王字为氏",这是鱼姓之始。

【名人】

唐朝宦官鱼朝恩,唐朝女诗人鱼玄机。

[容 róng]

【起源】

据《通志·氏族略》记载,虞舜的后裔,有一人名叫仲容,其子孙以容为姓。

【名人】

明朝进士容若玉,明朝香山县教谕容悌与。

[向 xiàng]

【起源】

据《姓氏考略》记载,春秋时,宋桓公有子字向父,其后代以向为姓。

【名人】

北宋名臣向敏中,清朝武进士向腾蛟。

[古 gǔ]

【起源】

据《风俗通》记载,周朝周太王古公亶父的后人以古为姓。

【名人】

北魏吏部尚书古弼,明朝画家古其昌。

[易 yì]

【起源】

据《姓氏考略》记载,春秋时,齐桓公有宠臣雍巫,字易牙。此人精于烹调技术,其后人以易为姓。

【名人】

北宋画家易元吉,清朝诗人易安。

[慎 shèn]

【起源】

据《百家姓考略》等书记载，春秋时，楚国白公胜的后人受封于慎邑，其子孙遂以慎为姓。

【名人】

五代时词人慎温其，北宋文士慎知礼。

[戈 gē]

【起源】

据《姓谱》记载，夏朝时，封同姓人于戈，其后人遂以戈为姓。

【名人】

元朝画家戈权义，清朝书法家戈守智。

[廖 liào]

【起源】

据《百家姓考略》等书记载，商朝时封黄帝的后人叔安于廖，其子孙遂以廖为姓。

【名人】

三国时蜀国大将廖化，明初开国大将廖永安。

[庾 yǔ]

【起源】

据《百家姓考略》、《元和姓纂》等书记载，周朝时置有庾廪之官(保管粮食)，其子孙以庾为姓。

【名人】

北周文学家庾信，元朝戏曲家庾天锡。

[终 zhōng]

【起源】

据《元和姓纂》等书记载，颛顼有裔孙陆终，其后人以终为姓。

【名人】

汉代名臣终军，唐朝官吏终郁。

[暨 jì]

【起源】

据《姓考》等书记载，颛顼帝的后裔陆终的儿子名篯，受封于大彭，为大彭氏。在商代，大彭的后人有的受封于诸暨，其后人，有的姓诸，有的姓暨。

【名人】

晋代大臣暨逊，北宋诗人暨陶。

[居 jū]

【起源】

据《百家姓考略》等书记载，晋国大夫先且居的后人，有的以居为姓。

【名人】

西汉大将居股，清末画家居廉。

[衡 héng]

【起源】

据《通志·氏族略》等书记载，商汤的丞相伊尹在商朝建立后，被尊称为"阿衡"，伊尹的后人有的以衡为姓。

【名人】

西汉易学家衡胡，东汉学者衡咸。

[步 bù]

【起源】

据《百家姓考略》记载，晋国大夫郤步扬的后人，有的以步为姓。

【名人】

孔子弟子步叔乘，晋代术士步熊。

[都 dū]

【起源】

据《百家姓考略》、《通鉴》等书记载，春秋时，郑国大夫公孙阏，字子都，他是美男子，又是勇士，很有名。其后人有的以都为姓。

【名人】

明朝廉使都胜，明朝学者都穆。

[耿 gěng]

【起源】

据《通志·氏族略》、《百家姓考略》等书记载，商代时有耿国，周朝封同姓人于耿。耿为诸侯国，耿国灭后，其公族以耿为姓。

【名人】

汉代名将耿弇(yǎn)，清初名将耿精忠。

[满 mǎn]

【起源】

据《姓氏考略》记载，舜帝的裔孙胡公满的后人，有的以满为姓。

【名人】

三国时魏国太尉满宠，明末抗清名将满桂。

[弘 hóng]

【起源】

据《元和姓纂》、《风俗通》等书记载，春秋时，卫国有大夫名弘演，其子孙以弘为姓。

【名人】

春秋时卫国大夫弘演，清朝画家弘仁。

[匡 kuāng]

【起源】

据《风俗通》、《古今姓氏辨正》等书记载，春秋时，鲁国的句须任匡邑宰，其子孙遂以匡为姓。

【名人】

西汉经学家匡衡，明朝名医匡愚。

[国 guó]

【起源】

据《元和姓纂》等书记载，春秋时，郑穆公的儿子公子发，字子国，其子孙有的以祖上之字国为姓。

【名人】

三国时魏国太仆国渊。

[文 wén]

【起源】

据《风俗通》记载，周文王的支庶子孙有的以祖上谥号文字为姓。

【名人】

南宋民族英雄、文学家文天祥，清朝画家文彦可。

[寇 kòu]

【起源】

据《韵谱》记载，周文王的儿子康叔在周朝为司寇，其后世支庶子孙，有的以寇为姓。

【名人】

北宋政治家寇准，明朝女画家寇湄。

[广 guǎng]

【起源】

据《风俗通》、《姓谱》等书记载，黄帝时，有人名广成子，隐居山中，其后人有的以广为姓。

【名人】

汉朝宰相广明，清朝湖南巡抚广厚。

[禄 lù]

【起源】

据《百家姓考略》记载，殷纣王的儿子武庚，字禄父，其后人以禄为姓。

【名人】

北宋时回鹘可汗王禄胜，清朝大臣禄康。

[阙 quē]

【起源】

据《百家姓考略》记载，春秋时，鲁国有阙党邑，有人受封于此地，则以阙为姓。

【名人】

明朝学者阙士奇，清代著名画家阙岚。

[东 dōng]

【起源】

据《通志·氏族略》等书记载,舜有七个好友,其中一个名东不訾(也有的书作东不识),他的后人以东为姓。

【名人】

汉代大将东关襄,明朝御史东郊。

[欧 ōu]

【起源】

据《新唐书·宰相世系表》、《姓谱》等书记载,春秋时越王勾践的裔孙蹄,被封于乌程欧余山之南,称欧阳亭侯,其后人有的以欧为姓。另据《百家姓考略》记载,欧姓为欧冶子的后人。春秋时越国有一位以冶炼铸造技术著名的匠人欧冶子,他曾为越王勾践铸造过名剑。欧冶子后人有的以欧为姓。

【名人】

春秋时铸刻名匠欧冶子,明朝学者欧大任。

[殳 shū]

【起源】

据《百家姓考略》、《通志·氏族略》等书记载,帝舜有大臣殳斨(qiāng),其子孙以殳为姓。

【名人】

明朝时有名的孝子殳邦清,清朝女诗人殳默。

[沃 wò]

【起源】

据《姓氏考略》等书记载,殷商君主太甲在位三十三年而卒,王位由其子沃丁继承,而这位殷商的第三代君主,正是后世沃氏家族的得姓始祖。

【名人】

明朝温县知县沃墅,明朝荆州知府沃頖(pàn)。

[利 lì]

【起源】

据《路史》等书记载,皋陶的后裔有个理利贞,因逃避纣王迫害,曾避难李子树下,食李充饥，遂改名李利贞，其后人中有的以理为姓，有的以李为姓，也有的以利为姓。

【名人】

西汉时名相利仓，唐朝高僧利涉。

[蔚 wèi]

【起源】

据《姓氏考略》记载，周代，郑国公子翩受封于蔚邑，世称蔚翩，其后世子孙遂以祖上封邑蔚为姓。

【名人】

北宋武将蔚兴，明朝礼部尚书蔚缓。

[越 yuè]

【起源】

据《百家姓考略》等书记载，夏王少康之子无余，受封于会稽，建立越国，国灭后，其公族子孙有的以越为姓。

【名人】

明朝河南巡抚越其杰，明朝学者越开。

[夔 kuí]

【起源】

据《通志·氏族略》、《百家姓考略》等书记载，春秋时，楚国国君的六世孙熊挚受封于夔城，建立夔国。国灭后，其后世子孙便以国名夔为姓。

【名人】

汉代名相夔安，明朝学者夔信。

[隆 lóng]

【起源】

据《姓氏考略》记载，春秋时鲁国有一地方名隆邑，居住于此地或受封于此地者，以隆为姓。

【名人】

明代御史隆英。

[师] shī

【起源】

据《风俗通》等书记载，夏商周时代，掌管音乐歌咏之官名师，如上古有师延、师涓，周朝有师尹，这些音乐官的后代多以师为姓。

【名人】

春秋时晋国音乐家师旷，明朝名臣师达。

[巩] gǒng

【起源】

据《潜夫论》等书记载，周朝周敬王时有一个同族卿士简公封于巩，称巩简公，其后人以巩为姓。

【名人】

南宋大将巩信，明朝航海家巩珍。

[厍] shè

【起源】

据《风俗通》记载，"古守厍大夫，因官命氏。"据此可知，厍乃库之俗音，义同。守厍，即守库。其后人以官名厍为姓。

【名人】

汉代大臣厍钧。

[聂] niè

【起源】

据《百家姓考略》记载，春秋时，齐丁公封支庶子孙于聂城，其子孙以封地聂为姓。

【名人】

战国时侠士聂政，现代著名作曲家聂耳。

[晁] cháo

【起源】

据《通志·氏族略》记载，周景王的小儿子名朝。周景王死后，在争夺王位中王子朝失败，逃往楚国，其子孙以朝为姓。因朝与晁同音，后来又改为晁姓。

【名人】

西汉著名政治家晁错，南宋礼部尚书晁公武。

[勾] (gōu)

【起源】

据《路史》记载，是少昊氏的叔父子重，他出任勾芒职。勾芒官，就是负责管理森林的官职，是世袭的官职，他的后代以这个官职为荣，就以勾芒为姓，世代相延，后来又加以简化，改成勾姓。

【名人】

越王勾践，北宋画家勾处士。

[敖] (áo)

【起源】

据《风俗通》等书记载，是古帝颛顼的老师太敖的后代。太敖的子孙以祖上的名字命名他们的姓氏。另一说春秋时期的楚国国君，凡是被废弑而没有得到谥号的，都被称为敖，这类国君的后代，也被称为敖氏。

【名人】

明朝数学家敖山，明朝进士敖英。

[融] (róng)

【起源】

据《世本》等书记载，古帝颛顼的后裔有祝融氏，其后人有的姓祝，有的姓融。

[冷] (lěng)

【起源】

据《风俗通》等书记载，黄帝时有管音乐的官叫伶伦，因伶与冷同音，其后人遂以冷为姓。

【名人】

明朝音乐家冷谦，清朝文学家冷士嵋。

[訾] (zǐ)

【起源】

据《百家姓考略》等书记载，帝喾的一个妃子是訾陬氏人，訾陬氏的后代，遂以訾为姓。

【名人】

汉代大臣訾顺。

[辛 xīn]

【起源】

据《元和姓纂》记载,夏禹的儿子启建立夏朝,封其支庶子于莘,莘与辛音相近,其后人遂以辛为姓。

【名人】

南宋诗人辛弃疾,明朝经学家辛全。

[阚 kàn]

【起源】

据《百家姓考略》等书记载,春秋时齐国大夫止封于阚,称阚止,其后人以阚为姓。

【名人】

三国时吴国大臣阚泽,唐朝名将阚稜。

[那 nā]

【起源】

据《百家姓考略》等书记载,春秋时有权国。楚武王灭权国,将权国人迁往那处,其后人遂以那为姓。

【名人】

明朝云南知府那鉴,明朝官吏那嵩。

[简 jiǎn]

【起源】

据《元和姓纂》等书记载,春秋时晋国大夫狐鞠居受封于续,死后谥号简,称续简伯,其后人以简为姓。

【名人】

元朝画家简生,明朝经学家简而廉。

[饶 ráo]

【起源】

据《史记·赵世家》记载,赵悼襄王六年封长安君于饶,其子孙遂以饶为姓。

【名人】

清朝诗人饶允坡。

[空] kōng

【起源】

据《百家姓考略》记载，空姓出于古空侯氏，其后人以空为姓。另据《姓氏考略》记载，商代始祖契的后代受封于空桐，遂姓空桐，后人又改为单姓空。

[曾] zēng

【起源】

据《世本》、《百家姓考略》等书记载，夏少康帝封儿子曲列于鄫(céng)，其后人以鄫为姓，后来去掉邑旁，改为姓曾。

【名人】

北宋文学家曾巩，清末名臣曾国藩。

[毋] wú

【起源】

据《百家姓考略》记载，毋姓"系出田氏"。齐宣王封弟于毋邱，以此延续对其祖先胡公满的祭祀。从此其后代分为三姓：一支姓胡毋，一支姓毋邱，一支姓毋。

【名人】

后蜀才子毋昭裔，明朝诗人毋思义。

[沙] shā

【起源】

据《姓苑》记载，炎帝时有大臣夙沙氏，其后人以沙为姓；汉有公沙穆，子孙去公为沙氏。

【名人】

清朝医学家沙书玉，清朝大书法家沙神芝。

[乜] miè

【起源】

据《元和姓纂》记载，春秋时，卫国大夫食采于乜城，其后人以地名乜为姓。

[养] yǎng

【起源】

据《姓氏考略》、《左传·昭公三十年》等书记载，春秋时，吴国公子掩余、烛庸逃到楚国，楚王让他们在养地居住，其后世子孙遂以养为姓。

【名人】

春秋时楚国名将养由基，汉代大儒养奋。

[鞠] jū

【起源】

据《元和姓纂》记载，后稷的孙子名鞠陶，其后世子孙以其名鞠字为姓。

【名人】

清朝学者鞠履厚。

[须] xǔ

【起源】

据《风俗通》等书记载，春秋时有须句国，其公族称须句氏，后改为须姓。

【名人】

战国时赵国大臣须贾。

[丰] fēng

【起源】

据《通志·氏族略》等书记载，春秋时，郑穆公的儿子名丰，其子孙以丰为姓。

【名人】

北宋文学家丰稷，明朝学者丰坊。

[巢] cháo

【起源】

据《姓谱》、《通志·氏族略》等书记载，上古有先民居山中，以树为巢，称有巢氏。夏禹王封有巢氏后人建巢国。后来巢国被楚所灭，其国人遂以巢为姓。

【名人】

汉代经学家巢猗(yī)，隋朝医学家巢元方。

[关] (guān)

【起源】

据《百家姓考略》等书记载，夏朝时有个贤臣关龙逄，对夏帝桀的荒淫残暴敢于当面直谏，触怒夏桀而被杀害。他的后代以关为姓。

【名人】

三国时蜀国名将关羽，"元曲四大家"之一关汉卿。

[蒯] (kuǎi)

【起源】

据《百家姓考略》记载，春秋时，卫庄公名蒯聩，其后人以蒯为姓。

【名人】

西汉谋士蒯通，明朝建筑学家蒯祥。

[相] (xiāng)

【起源】

据《姓谱》、《百家姓考略》等书记载，夏王有帝相，所都为相里，其后世子孙以相为姓。另据《姓氏大全》记载，商王河亶甲居相，其后人以相为姓。

【名人】

明朝进士相世芳，明朝诗人相礼。

[查] (zhā)

【起源】

据《姓苑》记载，春秋时期，齐顷公的儿子食采于楂邑，他的后代子孙以邑为姓，称为楂氏，后来就简称查氏。

【名人】

清朝书法家查升，当代著名作家查良镛(笔名金庸)。

[後] (hòu)

【起源】

据《姓氏考略》等书记载，後姓出自太昊氏。太昊的裔孙後照，其后世子孙以後为姓。

【名人】

孔子弟子後处，汉代经学家後苍。

[荆 jīng]

【起源】

据《通志·氏族略》记载，西周初，楚国先君熊绎被封于荆，国号荆，其后人中有的以荆为姓。

【名人】

战国名士荆轲，五代画家荆浩。

[红 hóng]

【起源】

据《百家姓考略》记载，春秋时，楚国公族熊渠的儿子熊挚，字红，熊挚受封为鄂王，其支庶子孙以祖上的字红为姓。另据《元和姓纂》记载，汉朝高祖刘邦的后人，楚元王刘交之子刘富，被封为休侯，后又封于红，称红侯富，其子孙以红为姓。

【名人】

唐朝侠女红线，清朝女诗人红兰。

[游 yóu]

【起源】

据《元和姓纂》记载，春秋时，郑穆公之子名偃，字子游，其孙以祖上的字游为姓。

【名人】

南宋名臣游九功，清朝诗人游上风。

[竺 zhú]

【起源】

据《姓苑》记载，夏、商、周三代有孤竹国。春秋时，孤竹国国君之子伯夷、叔齐的后人以国名竹字为姓。到了汉代，改竹为竺，以竺为姓。另据《汉书·西域传》等书记载，古代印度称天竺国，天竺国的僧人来中国传教，皆以竺为姓。

【名人】

东汉酒泉太守竺曾，明朝进士竺渊。

[权 quán]

【起源】

据《通志·氏族略》等书记载，商代武丁的后裔封于权，建立权国。权国灭后，其公族子孙以权为姓。

[权]

【名人】

北朝齐经学家权会，唐朝文学家权德舆。

[逯 lù]

【起源】

据《百家姓考略》记载，秦国公族大夫封于逯，其后人以逯为姓。

【名人】

明朝著名孝子逯相，明朝进士逯中立。

[盖 gài]

【起源】

据《百家姓考略》等书记载，春秋时，齐国大夫受封于盖邑，其后人以盖为姓。

【名人】

东汉大将军盖延，唐朝经学家盖文懿。

[益 yì]

【起源】

据《百家姓考略》等书记载，帝舜的大臣皋陶之子伯益的子孙以益为姓。

【名人】

南宋进士益畅，元朝名将益智。

[桓 huán]

【起源】

据《姓氏考略》等书记载，黄帝时有大臣名桓常，其后人以桓为姓。另据《通志·氏族略》记载，春秋时，宋国国君名卿，死后谥桓，称宋桓公，其后人以祖上谥号桓为姓。

【名人】

晋代大将桓石虔，唐朝大臣桓彦范。

[公 gōng]

【起源】

据《通志·氏族略》记载，春秋时，鲁昭公的两个儿子，一个叫衍，一个叫为，都被封为公爵，世称公衍、公为，他们的后世子孙遂以公为姓。另外，古代有很多由公字组成的复姓，如：公西、公子、公孙……其后人多把复姓改为单姓公。

【名人】

明朝文学家公鼐，明朝大臣公勉仁。

[万俟] (mò qí)

【起源】

据《百家姓考略》、《元和姓纂》等书记载，鲜卑族的万俟部落随鲜卑族的王族拓跋氏进入中原。拓跋珪创立北魏朝，北魏献文帝赐其弟弟的后人姓万俟，是为万俟姓之始。

【名人】

北齐大将军万俟洛，北魏末起义领袖万俟丑奴。

[司马] (sī mǎ)

【起源】

据《通志·氏族略》记载，周宣王时，程伯休的父亲官至司马，其后人遂以司马为姓。

【名人】

汉代史学家司马迁，北宋宰相司马光。

[上官] (shàng guān)

【起源】

据《元和姓纂》等书记载，楚庄王的小儿子子兰，官至上官大夫，其后世子孙以上官为姓。

【名人】

唐朝才女上官婉儿，清朝诗人上官周。

[欧阳] (ōu yáng)

【起源】

据《新唐书·宰相世系表》等书记载，赵王无疆之子名蹄，受楚王之封于乌程欧余山之南，山南为阳，故世称欧阳亭侯，其子孙遂以欧阳为姓。

【名人】

唐朝书法家欧阳询，北宋文学家欧阳修。

[夏侯] (xià hóu)

【起源】

据《百家姓考略》记载，古有杞国，乃夏禹王后代夏侯氏所建。后被楚国灭亡，杞简公之弟佗逃到鲁国，受封为侯爵，世称夏侯，其子孙遂以夏侯为姓。

【名人】

三国魏国大将夏侯惇，唐朝御史夏侯审。

[诸葛] (zhū gě)

【起源】

据《风俗通》记载，古有葛国，国灭后其一支族迁往诸城，其后代子孙遂以国名葛字和地名诸字，合成以诸葛为姓。

【名人】

三国时蜀国政治家、思想家、军事家诸葛亮。

[闻人] (wén rén)

【起源】

据《风俗通》记载，春秋时，鲁国有一位名人少正卯，有学问，口才好，是当时的闻名人物。其后人便以闻人二字为姓，有的人单以闻为姓。

【名人】

南宋针灸学家闻人耆年，明朝史学家闻人诠。

[东方] (dōng fāng)

【起源】

据《百家姓考略》记载，东方姓系出于太昊氏。伏羲氏的裔孙羲仲，世掌东方青阳之令，其子孙遂以东方为姓。

【名人】

汉代文学家东方朔，唐朝史官、诗人东方虬。

[赫连] (hè lián)

【起源】

据《通志·氏族略》记载，复姓赫连出自南匈奴部族。东晋时，南匈奴右贤王的后人勃勃称大夏天王，始改姓赫连。

【名人】

北周名将赫连达，唐朝才子赫连韬。

[皇甫] (huáng fǔ)

【起源】

据《新唐书·宰相世系表》记载，春秋时，宋戴公之子名充石，字皇父。后来其孙南雍邮以祖父的字皇父为姓，称皇父邮。西汉时，其裔孙皇父鸾，改父为甫，遂开始以皇甫为姓。

【名人】

唐朝宰相皇甫镈(bó)，明朝天文学家皇甫仲和。

[尉迟] (yù chí)

【起源】

据《通志·氏族略》记载，公元四世纪初，鲜卑族的拓跋部建立代国。代国被前秦所灭。后来，拓跋族的后人拓跋珪于公元386年复国，改国号为魏，史称北魏。此时，与北魏同时兴起的有尉迟族。北魏孝文帝时，赐尉迟族人以族名尉迟为姓。

【名人】

北朝周名将尉迟纲，唐朝开国名将尉迟恭。

[公羊] (gōng yáng)

【起源】

据《通志·氏族略》记载，春秋时，鲁国有公羊孺，其孙以祖父名公羊二字为姓。

【名人】

春秋时期经学家公羊高，孔子弟子公羊赤。

[澹台] (tán tái)

【起源】

据《百家姓考略》记载，春秋时，孔子的弟子灭明居于澹台，遂以澹台为姓，称澹台灭明。

【名人】

孔子弟子澹台灭明，东汉学者澹台敬伯。

[公冶] (gōng yě)

【起源】

据《百家姓考略》记载，春秋时鲁国有季公冶，其子孙以公冶为姓。

【名人】

孔子弟子公冶长。

[宗政 zōng zhèng]

【起源】

据《通志·氏族略》记载，汉高祖后裔楚元王之孙刘德曾任宗正官职，宗正亦作宗政，是掌管皇族事务的官，刘德的支庶以祖上官职宗政为姓。

【名人】

南北朝后魏大将军宗政珍孙，唐朝中少监宗政辨。

[濮阳 pú yáng]

【起源】

据《陈留风俗传》、《百家姓考略》等书记载，春秋时郑国公族大夫居于濮水之阳，其族遂以濮阳为姓。

【名人】

三国时吴国丞相濮阳兴，明朝武将濮阳成。

[淳于 chún yú]

【起源】

据《水经注》、《尚友录》等书记载，夏朝时有斟灌国。西周初，周武王封斟灌于州国，世称州公。后被杞国所灭，其公族留居淳于城，复国后，称淳于国，其子孙遂以淳于为姓。

【名人】

汉代大臣淳于长，汉代奇女淳于缇萦。

[单于 chán yú]

【起源】

据《汉书·匈奴传》、《姓氏寻源》等书记载，早期匈奴最高首领称"撑犁孤涂单于"，后匈奴部族消失，其融入其他民族的子孙以祖上的王位名称单于为姓。

[太叔 tài shū]

【起源】

据《古今姓氏辨证》记载，春秋时卫文公的第三子姬仪，世称太叔仪，其子孙遂以太叔为姓。

【名人】

春秋卫文公的儿子太叔仪。

[申屠] shēn tú

【起源】

据《风俗通》记载,帝舜的后裔有申屠氏,其后代以申屠为姓。

【名人】

汉代宰相申屠嘉,元朝学者申屠致远。

[公孙] gōng sūn

【起源】

据《广韵》记载,"古封公之后,皆自称公孙,故其姓多,非一族也。"据此可知,古代姓公孙的人很多,有的是因祖上受封为公爵,有的则是诸侯的后人,都是出身于贵族之家。

【名人】

孟子弟子公孙丑,唐朝女剑术家公孙大娘。

[仲孙] zhòng sūn

【起源】

据《元和姓纂》等书记载,春秋时,鲁桓公的次子名庆父,因他在兄弟中排行第二,故世称公仲,又因他是鲁国王族后代,所以庆父的子孙称仲孙氏,从此这一族人就以仲孙为姓。

[轩辕] xuān yuán

【起源】

据《元和姓纂》等书记载,黄帝又号轩辕氏,其后裔中有一支以轩辕为姓。

【名人】

唐朝诗人轩辕弥明,唐朝道士轩辕集。

[令狐] líng hú

【起源】

据《新唐书·宰相世系表》记载,周文王之子毕公高有孙毕万,春秋时任晋国大夫。他的曾孙魏颗,是一员猛将,屡立战功,受封于令狐邑,其后人遂以令狐为姓。

【名人】

三国时魏国弘农太守令狐邵,唐朝著名学者令狐德棻。

[钟离] zhōng lí

【起源】

据《新唐书·宰相世系表》记载，春秋时宋国公族后裔宗伯在晋国为官，后被郤氏杀害，其子州犁逃到楚国，定居于钟离，其后人遂以钟离为姓。

【名人】

战国时齐国王后钟离春，唐朝道士钟离权。

[宇文] yǔ wén

【起源】

据《通志·氏族略》记载，复姓宇文出自鲜卑族。鲜卑族的首领称大人，到普回袭任大人时，在一次打猎中他拾得一块玉玺，认为是天命所授。鲜卑语谓天子为"宇文"，遂以宇文为姓。

【名人】

南北朝北周开国皇帝宇文觉，隋朝建筑师宇文恺。

[长孙] zhǎng sūn

【起源】

据《旧唐书·长孙无忌传》记载，复姓长孙出自鲜卑族拓跋氏。北魏道武帝拓跋珪因沙英雄是其曾祖父的长子，故赐沙英雄的儿子嵩为长孙氏，从此其子孙遂以长孙为姓。

【名人】

唐朝贤后长孙皇后，唐朝宰相长孙无忌。

[慕容] mù róng

【起源】

据《通志·氏族略》记载，三国时期，鲜卑族迁居辽西，建立政权。到涉归做鲜卑单于时，自称"慕二仪（天地）之德，继三光（日月星）之容"，从而以慕容为姓。

【名人】

隋朝大将军慕容三藏，北宋刑部尚书慕容彦逢。

[鲜于] xiān yú

【起源】

据《通志·氏族略》记载，西周初，周武王封商纣王的叔父箕子于朝鲜。箕子的支庶子仲食采于于地，其后世子孙遂以鲜于组成复姓。

【名人】

东汉孝子鲜于文宗，北齐忠义将领鲜于世荣。

[闾丘 lú qiū]

【起源】

据《古今姓氏辨证》记载，春秋时，齐国有一位大夫名婴，在闾丘居住，时称闾丘婴，其后人遂以闾丘为姓。

【名人】

北宋名将闾丘观，北宋名士闾丘孝终。

[司徒 sī tú]

【起源】

据《通志·氏族略》记载，夏、商、周三朝都设置司徒官职，是六卿之一，地位很高，相当于宰相。担任过此官职的人的后世子孙，有的就以司徒为姓。

【名人】

五代时音乐家司徒诩，明朝大臣司徒化邦。

[司空 sī kōng]

【起源】

据《通志·氏族略》记载，春秋时，晋国设置司空官职，任此职的人的后代有的以司空为姓。

【名人】

唐朝诗歌理论家司空图，唐朝诗人司空曙。

[亓官 qí guān]

【起源】

据《元和姓纂》等书记载，亓与笄在古代是一个字，读机(jī)。后来，亓又读齐(qí)，笄是一种插在绾起的头发上的簪子。周代设有掌管笄礼的官职，其后人遂以祖上官称笄官为姓，笄又简化为亓，遂有亓官之姓。

【名人】

明朝才子亓之伟，明朝河南巡抚亓诗教。

[司寇 sī kòu]

【起源】

据《风俗通》记载，周武王时，任苏忿生为司寇，这是掌管司法刑狱的官，其后人遂以祖上官称司寇为姓。

【名人】

春秋时鲁国有名的大夫司寇惠子。

[仉 zhǎng]

【起源】

据《通志·氏族略》等书记载，仉姓出自党姓。春秋时，鲁国大夫中有人姓党(音掌zhǎng)，其后世子孙有一支以音为姓，故姓掌。后来又有人改掌为仉。

【名人】

南朝梁四公子之一仉啓，明朝官吏仉经。

[督 dū]

【起源】

据《姓苑》记载，周代宋国有大夫名华督，其后人以督为姓。另据《路史》等书记载，战国时燕国有一地方名督亢，荆轲刺秦王所用的匕首就藏在督亢地图中，该地的居民以督为姓。

【名人】

汉代五原太守督瓒。

[子车 zǐ chē]

【起源】

据《左传》记载，春秋时，秦国大夫有子车氏，其族人复姓子车。秦穆公时有子车仲行、子车奄息、子车钳虎，三人政绩卓著，世称"三良"。秦穆公死，以"三良"殉葬，《诗经·秦风·黄鸟》反映了这一事件，表现了世人对"三良"的同情和对人殉制度的愤怒。"三良"的后人有的改复姓为单姓，以车为姓。

【名人】

"秦国三良"——子车仲行、子车奄息、子车钳虎。

[颛孙] zhuān sūn

【起源】

据《尚友录》记载，春秋时，陈国簪缨之后代有公子名颛孙，在鲁国做官，其后代子孙以他的业绩为荣耀，于是以祖名颛孙为姓，称颛孙氏。

【名人】

孔子弟子颛孙师。

[端木] duān mù

【起源】

据《论语》等书记载，春秋时，孔子的弟子中有卫国人端木赐，字子贡，其后人皆姓端木。

【名人】

孔子弟子端木赐，著名清朝文学家端木埰。

[巫马] wū mǎ

【起源】

据《姓氏考略》记载，周朝时，设置有驯养和医治马病的官职，称巫马，其后人就以祖上官职巫马为姓。

【名人】

孔子弟子巫马师。

[公西] gōng xī

【起源】

据《姓氏寻源》记载，该姓出自春秋时鲁国公族，为季孙氏的支子后裔所改，以公西为氏，称公西姓。

【名人】

孔子弟子公西赤(子华)。

[漆雕] qī diāo

【起源】

据《路史》记载，春秋时，鲁国有复姓漆雕的家族，其后人皆姓漆雕。后来也有人单姓漆。

【名人】

孔子弟子漆雕开。

[乐正] yuè zhèng

【起源】

据《元和姓纂》记载，周朝设有乐正官，管理音乐事务。其后人以乐正为姓。

【名人】

曾参的弟子乐正子春。

[壤驷] rǎng sì

【起源】

据《姓氏考略》等书记载，春秋时有复姓壤驷的家族。

【名人】

孔子弟子壤驷赤。

[公良] gōng liáng

【起源】

据《姓氏考略》记载，周朝时，陈国有个名叫良的公子，世称公子良，其子孙以公良为姓。

【名人】

孔子弟子公良孺。

[拓跋] tuò bá

【起源】

据《魏书·官氏志》记载，复姓拓跋出自古代鲜卑族。其后人拓跋珪于公元386年建立北魏政权。到北魏孝文帝拓跋宏，改复姓拓跋为单姓元，他自己改姓名为元宏。

【名人】

南北朝北魏开国皇帝拓跋珪。

[夹谷] jiā gǔ

【起源】

据《姓氏考略》记载，复姓夹谷出自女真族。

【名人】

金朝伐宋名将夹谷胡剌，元朝文学家夹谷之奇。

[宰父 zǎi fù]

【起源】

据《孔子家语》记载，周朝时设有管理公卿官员升迁考核的官职，称宰夫，因夫与父音相近，后来转变成宰父，其后人以祖上官职宰父为姓。

【名人】

孔子弟子宰父黑。

[谷梁 gǔ liáng]

【起源】

据《姓氏寻源》等书记载，古代称良种谷子为梁，种植谷梁的氏族，以谷梁为姓，后来梁改为梁，谷梁复姓遂流传下来。

【名人】

孔子弟子谷梁赤。

[晋 jìn]

【起源】

据《元和姓纂》记载，周初，周武王的儿子虞叔受封于唐，称唐虞叔。唐虞叔的儿子迁居晋水，建立晋国，称晋侯。其后世子孙以晋为姓。

【名人】

晋代训诂学家晋灼，明朝廉使晋臣。

[楚 chǔ]

【起源】

据《姓苑》记载，周成王封颛帝高阳氏之裔鬻熊之曾孙熊绎于丹阳，国号荆，后迁都于郢城，始改国号楚，后世子孙以国名为氏，称楚姓。

【名人】

明初将领楚智，北宋大臣楚昭辅。

[闫 yán]

【起源】

据《姓谱》载，分闫、阎二姓。另据《五音集韵》记载，闫"同阎义，俗用"。因闫、阎二姓同出一源，都是黄帝族的后代。阎姓被"俗用"成闫，在《百家姓》里，两姓并存。

【名人】

晋代辽西郡郡长闫亨。

[法 fǎ]

【起源】

据《后汉书·法雄传》记载，战国时，齐襄王名法章。秦国灭齐后，齐国的公族子孙为避祸，遂以祖上名中的法字为姓。

【名人】

清朝前期的书画家法若真，清朝经学家法坤宏。

[汝 rǔ]

【起源】

据《姓源》记载，东周初期，周平王封小儿子于汝邑，其后人遂以汝为姓。

【名人】

南宋使者汝为，明朝书法家汝讷。

[鄢 yān]

【起源】

据《国语》记载，古代有鄢国。春秋时鄢国被郑国所灭，其公族子孙遂以鄢为姓。

【名人】

明朝经学家鄢高，清初名士鄢正畿(jī)。

[涂 tú]

【起源】

据《姓氏族谱笺释》记载，夏朝时有涂山氏，其后人省去山字，以涂为姓。另据《通志·氏族略》记载，古有涂水，即今天的滁河，发源于安徽东部滁州。古代居住在涂水岸上的人以涂为姓。

【名人】

五代后唐大臣涂廙，清末民国官吏涂凤书。

[钦 qīn]

【起源】

据《姓氏考略》记载，钦志赏是古时乌桓部落的酋长。这支部落被匈奴族击败，迁至乌桓山，即改名为乌桓族。钦姓源自有御使者来到这里，而御使又称之为钦命，这些御使的后代就出现了"钦"氏。隋朝时，曾将安州改为钦州，这里的居民就以地名为姓，称为钦氏。

【名人】

宋末元初名人钦德载，清朝诗人钦善。

[段干] duàn gān

【起源】

据《史记》、《姓氏考略》等书记载，春秋时，哲学家老子(李聃)的裔孙李宗在魏国为将，他受封于段干，其后人遂以段干为姓。

【名人】

战国时魏国相国段干木。

[百里] bǎi lǐ

【起源】

据《通志·氏族略》载，"秦大夫百里奚之后，其先虞人，家于百里，因氏焉。"故百里氏后人奉百里为姓。

【名人】

春秋时虞国大夫百里奚，汉代徐州刺史百里嵩。

[东郭] dōng guō

【起源】

据《姓谱》记载，周朝时，一座城有内城和外城，外城称郭。当时齐国公族大夫有居住在国都临淄东郭的，称东郭大夫，后来又称东郭氏，其后人遂以东郭为姓。

【名人】

春秋时齐国大臣东郭牙，战国时魏国贤士东郭顺子。

[南门] nán mén

【起源】

据《姓氏考略》等书记载，古代居住在南城门一带的居民有的以南门为姓。另一说，夏代置有管理南城门的官职，其后人以南门为姓。

[呼延] hū yán

【起源】

据《通志·氏族略》记载，古代匈奴人有的家族称呼衍氏，入中原后改为呼延，其后人遂以呼延为姓。

【名人】

南北朝时前赵名臣呼延谟，北宋将领呼延赞。

[归 guī]

【起源】

相传黄帝在即天子位之前，曾被封在归藏国(今湖北省秭归县)，即天子位后，留下一子继任为君，其后子世守此国，他们就以"归藏"国名为姓，后简去"藏"字，成了"归"单姓，称为归氏。另据《通志·氏族略》记载，春秋时有宗胡国，其君族为归姓。后来宗胡国被楚所灭，其国君的后人有的以归为姓。

【名人】

唐朝兵部尚书归崇光，清初文学家归庄。

[海 hǎi]

【起源】

据《姓苑》、《尚友录》等书记载，春秋时，卫国有大臣海春，其后人皆姓海。

【名人】

明朝清官海瑞。

[羊舌 yáng shé]

【起源】

据《元和姓纂》等书记载，春秋时晋国晋靖侯的后人，有的受封于羊舌邑，其子孙遂以羊舌为姓。

【名人】

春秋时晋国大夫羊舌叔肸、羊舌鲋(fù)。

[微生 wēi shēng]

【起源】

据《路史》记载，春秋时，鲁国有贵族微生氏，其子孙以微生为姓。

【名人】

春秋时鲁国隐士微生亩，春秋时名士微生高。

[岳 yuè]

【起源】

据《姓苑》记载，上古时设有"四岳"官职，其职务是管理山岳的祭祀工作，四岳官的后人以岳为姓。

【名人】

北宋抗金英雄岳飞，清朝女诗人岳筠(jūn)。

[帅 shuài]

【起源】

据《通志·氏族略》、《广韵》等书记载，古代管理音乐事务的官员称师，晋国有师旷，鲁国有师乙，其子孙以师为姓。后因晋国晋景公的名字有师字，为避讳，将师字去掉一横，改姓帅。

【名人】

北宋大臣帅宝，清朝名医帅仍祖。

[缑 gōu]

【起源】

据《通志·氏族略》记载，周朝时，有大夫受封于缑邑，其后世子孙遂以缑(gōu)为姓。

【名人】

唐朝女道士缑仙姑，明朝总兵官缑谦。

[亢 kàng]

【起源】

据《姓氏寻源》等书记载，亢姓出自伉姓。春秋时卫国大夫三伉的后人以亢为姓。另据《战国策》记载，春秋时有一贵族受封于军事要地亢父，其后人遂以亢为姓。

【名人】

清朝文学家亢树滋。

[况 kuàng]

【起源】

据《三国志·蜀志》记载，三国时，蜀中有一位名人况长宁，其后人皆姓况。

【名人】

明朝考古学家况叔琪，明朝御史况文。

[后] hòu

【起源】

据《世本》记载，春秋时，鲁孝公八世孙成叔受封于郈邑，其后人去掉郈字的邑旁，以后为姓。

【名人】

清朝书法家后礼、后祺。

[有] yǒu

【起源】

据《尚友录》记载，远古时期，为躲避猛兽的侵袭，有人开始住在树上，被称有巢氏，其后人以有为姓。另据《论语》记载，春秋时，孔子有个弟子名有若，其子孙皆姓有。

【名人】

孔子弟子有若。

[琴] qín

【起源】

据《姓氏考略》记载，周朝时，有人以制琴或弹琴为业，其后人以祖上的职业琴字为姓。另据《通志·氏族略》记载，春秋时，卫国有人名琴牢，是孔子的弟子，琴牢的后人以琴为姓。

【名人】

孔子弟子琴牢，战国时琴师琴高。

[梁丘] liáng qiū

【起源】

据《尚友录》记载，春秋时，齐国有一个大夫受封于梁丘，其后人以梁丘为姓。

【名人】

汉代大臣梁丘贺，汉代黄门郎梁丘临。

[左丘] zuǒ qiū

【起源】

据《通志·氏族略》记载，春秋时，齐国有个地方叫左丘，当时有个叫明的人居住于此地，遂以左丘为姓，称左丘明。左丘明的后人皆以左丘为姓。

【名人】

春秋时鲁国史官左丘明。

[东门] dōng mén

【起源】

据《左传》记载，春秋时，鲁国国君鲁庄公的儿子遂，字襄仲，居住在东门，称东门襄仲，其后代遂以东门为姓。

【名人】

汉代相马大师东门京，汉代荆州刺史东门云。

[西门] xī mén

【起源】

据《通志·氏族略》记载，春秋时，郑国有个大夫居住在西门，其后世子孙便以西门为姓。

【名人】

战国时魏国名官西门豹，唐朝大将西门季玄。

[商] shāng

【起源】

据《史记》记载，周朝灭亡商朝后，商朝的公族子孙有的以商为姓。

【名人】

战国时秦国大臣商鞅。

[牟] móu

【起源】

据《风俗通》记载，春秋时有车子国，其国人有的以牟为姓。

【名人】

汉代经学家牟长，南宋书画家牟益。

[佘] shé

【起源】

据《姓氏寻源》记载，"古有余无佘，余转韵为遮切，音蛇。"在汉代以前都无"佘"氏的记载。那么"佘"氏也应是一些余氏的后人改变而来的，遂形成佘氏。

【名人】

唐代太学博士佘钦，北宋名将杨继业之妻佘太君。

[佴] (nài)

【起源】

据《通志·氏族略》记载，"佴氏，如代切，晋《山公集》有佴湛。"这是佴姓较早的记载。

【名人】

明朝御史佴祺，清朝直隶知县佴杰。

[伯] (bó)

【起源】

据《风俗通》记载，古代嬴姓的祖先伯益，他在舜帝、夏禹时都受到重用，后来被禹的儿子启所杀。伯益的后人有的以伯为姓。

【名人】

孔子弟子伯虔，春秋时晋国大夫伯宗。

[赏] (shǎng)

【起源】

据《姓苑》记载，春秋时，吴国有吴中八姓，赏姓是其中之一，这是赏姓之始。

【名人】

南朝时江东幕僚赏庆。

[南宫] (nán gōng)

【起源】

据《通志·氏族略》记载，春秋时鲁国大夫孟僖子的儿子仲孙闵住在南宫，其后人遂以南宫为姓。

【名人】

孔子弟子南宫括。

[墨] (mò)

【起源】

据《潜夫论》记载，夏禹的老师墨如的后代以墨为姓，称墨氏。另据《通志·氏族略》记载，商朝时，孤竹国国君名墨胎，其后世子孙以墨为姓。

【名人】

战国时思想家墨翟,明朝兵部侍郎墨麟。

[哈] hǎ

【起源】

据有关资料显示,哈姓为"回民十三姓"之一。约在元代时中原开始有此姓。

【名人】

元朝大臣哈麻,清朝贵州提督哈元生。

[谯] qiáo

【起源】

据《元和姓纂》等书记载,周文王的后裔支庶子孙,有一支受封于谯,其后人遂以谯为姓。

【名人】

三国时蜀国名士谯周,明朝学者谯谟。

[笪] dá

【起源】

据《通志·氏族略》记载,"笪氏,今建州(现在的福建省建瓯)多此姓。"

【名人】

宋朝进士笪琛,清朝书画家笪重光。

[年] nián

【起源】

据《明史·年富传》记载,年姓出自严姓。年字与严字读音相近,易混读。古代有一支严姓的子孙,因字音讹传,而以年为姓。

【名人】

明朝大臣年富,清朝名将年羹尧。

[爱] ài

【起源】

据《姓氏考略》记载,唐代西域有回鹘(亦称回纥)国,其国相名邪勿。后回鹘国成为唐朝的附庸国,国相邪勿来到中原,唐朝皇帝赐他姓爱,名弘顺,其子孙遂以爱为姓。

【名人】

唐朝大臣爱弘顺。

[阳 yáng]

【起源】

据《广韵》记载，东周时，周景王封其小儿子于阳樊，其后人因避祸乱到了燕国，以祖上封地阳字为姓。

【名人】

汉代建筑学家阳成延，唐朝大臣阳城。

[佟 tóng]

【起源】

据《满洲氏族谱》记载，佟姓出自佟佳氏。在今辽宁省境内鸭绿江支流，元明时期称佟佳江，居住有佟佳氏族，其后人改为单姓佟。

【名人】

清初名将佟图赖，清朝诗人佟世南。

[第五 dì wǔ]

【起源】

据《风俗通》、《后汉书·第五伦传》记载，汉高祖刘邦即帝位后，为了削弱地方豪强势力，把战国时的齐、楚、燕、韩、赵、魏六国王族后裔迁徙到关中。其中齐国贵族田氏，因族大太多，就以第一氏、第二氏至第八氏来划分。第五氏即其中的一氏，其后人以第五为姓。

【名人】

东汉兖州刺史第五种，唐朝宰相第五琦。

[言 yán]

【起源】

据《元和姓纂》、《万姓统谱》等书记载，春秋时，吴国有人叫言偃，字子游，是孔子的弟子，其子孙以言为姓。

【名人】

明朝大臣言芳，清朝教育家言友恂。

[福 fú]

【起源】

据《姓氏考略》记载,春秋时,齐国有大夫福子丹,其后世子孙皆以福为姓。

【名人】

元朝江南台御史大夫福寿,明朝将军福时。

找错有礼

　　亲爱的读者朋友：非常感谢您对吉林大学出版社的信任与支持。为了更好地提高图书质量，满足广大读者的阅读需求，进一步保证产品的零差错，我们需要您对本图书提出更好的编写建议，同时，指出我们的差错之处。我们将定期从读者反馈意见中抽取幸运读者，给予奖励。

本书的编写优点：

本书的编写缺欠：

您的建议：

发现的错误之处，您可以通过写信、发电子邮件、QQ在线交流、打电话等方式，将意见反馈给我们。

联系人：马老师
地址：长春市明德路501号
邮编：130021
联系电话：0431-89580059 / 13596488985
QQ在线交流：515982498
E-mail: 515982498@qq.com

图书在版编目（CIP）数据

百家姓 / 佚名著；刘桂华评注. -- 长春：吉林大学出版社，2015.4
（国学课堂 / 魏冰戬主编）
ISBN 978-7-5677-3396-1

Ⅰ. ①百… Ⅱ. ①佚… ②刘… Ⅲ. ①古汉语-启蒙读物 Ⅳ. ①H194.1

中国版本图书馆CIP数据核字(2015)第064622号

国学课堂 系列图书

百家姓

2015年5月　第1版
2015年5月　第1次印刷

出版发行	吉林大学出版社
经　　销	全国各地新华书店及各大卖场
策划编辑	马宁徽
责任编辑	马宁徽
责任校对	刘　佳
印　　刷	长春新华印刷集团有限公司
印　　次	2015年5月　第1次印刷
开　　本	720X1000毫米　1/16
印　　张	7.25
字　　数	90千字
书　　号	ISBN 978-7-5677-3396-1
定　　价	12.00元

丛书主编　魏冰戬
原　　著　佚　名著
本册评注　刘桂华
美术编辑　刘　瑜
封面设计　刘　瑜
封面绘图　法斯特设计室

社　　址　长春市明德路501号
邮　　编　130021
发行部电话　0431-89580028/29
传　　真　0431-89580027
网　　址　http://www.jlup.com.cn
E-mail　　jlup@mail.jlu.edu.cn

版权所有　翻版必究

郑重声明"新黑马阅读"商标专用权

● "新黑马阅读"此商标的注册申请已经由中华人民共和国国家工商行政管理总局商标局正式批准，发文编号：4287897。使用商品：1. 报纸；2. 图画；3. 期刊；4. 雕刻印刷品（书画刻印作品）；5. 杂志（期刊）；6. 新闻刊物；7. 连环漫画书；8. 印刷出版物；9. 书籍；10. 笔记本或绘图本。

● 根据《商标法》和《商标法实施细则》有关规定，任何单位或个人在以上商品中使用或盗用此商标均为违法行为，将受到法律的严惩。